Britisch Kurzhaar & Co.

Eva-Maria Götz
Gesine Wolf

Kurzhaarkatzen

64 Farbfotos
28 Zeichnungen

Ulmer

Heimtiere

Inhaltsverzeichnis

3

Vorwort

Seit ein kleiner, schwarz-silberner Kater in der Fernsehwerbung für Katzenfutter nach seinen Abenteuern zum Weinen schön schnurrt, wenn er wieder sicher zu Hause auf den Knien seiner Besitzerin liegt, seit eine blaue Katze mit Frauchen Nasenküsse austauscht zum Dank fürs feine Futter mit Petersiliengarnierung oder seit die blütenweiße Katzenschönheit makellose Sauberkeit verkörpert, ist die Nachfrage nach diesen Katzenrassen gestiegen. Gleichzeitig tauchen in den Tierheimen regelmäßig zu den Ferienzeiten unerwünschte, lästig gewordene Katzen auf. Sie alle waren einmal so herzzerreißend süß, als sie noch Katzenkinder waren!

Trotzdem steht kaum ein anderes Haustier so für Wohlbehagen, Gemütlichkeit, Wärme, unaufdringliches Einfach-da-Sein wie die Katze. Einen schnurrenden Schmusetiger auf dem Schoß, und die Welt draußen ist vergessen. Der Stress, die Hektik des täglichen Lebens scheinen nicht mehr zu existieren. Tatsächlich wurde festgestellt, dass Katzen einen beruhigenden Einfluss auf Menschen haben. Die Blut- und Cholesterinwerte sind bei Leuten, die ein Tier pflegen, deutlich besser. Mediziner und Psychologen sprechen sich für eine Tierhaltung in Altenheimen aus und sehen darin eine der erfolgreichsten Therapien gegen Siechtum und Vereinsamung.

Auch Künstler und Gelehrte liebten Katzen in ihrer Nähe, die ihnen Inspiration und Muse waren. Hemingway lebte umgeben von einer ganzen Schar Katzen in Kuba und St. Patrick, der Nationalheilige Irlands, schrieb bewundernd über Pangur Ban, den Kater, der seine Klause teilte.

Katzen schließen sich dem Menschen aus freien Stücken an. Man kann sie nicht zum Schmusen zwingen, wenn einem gerade der Sinn danach steht. Sie sind immer noch die Jäger, die dämmerungsaktiven Raubtiere und mancher von uns würde sich wahrscheinlich wundern, welche Abenteuer sein Kuscheltiger nachts erlebt, wenn er frei laufen darf. Selbst die meisten Großstädter von heute wissen noch irgendeine Katzengeschichte zu erzählen, sei es aus der Kindheit oder von einem Urlaub auf dem Land. Meist geht es

> Katzen – mal aufgerollt beim Schlaf, mal wild verspielt wie dieser kleine Tiger, sind seit längerer Zeit aus dem Leben der Menschen nicht mehr wegzudenken.

4

dabei um ganz normale Hauskatzen, die irgendwie immer da zu sein scheinen.

Die gezüchteten kurzhaarigen Katzenrassen oder Kurzhaar-Katzenrassen, die in diesem Buch beschrieben werden, sind allesamt Abkömmlinge unserer Hauskatzen. Ob aus England, Frankreich, Amerika oder Deutschland, sie sind unterschiedlich und haben je nach Herkunft ihren eigenen Reiz.

Gerade weil heute Katzen wegen des Verkehrs immer mehr in Wohnungen gehalten werden, legen Katzenbesitzer viel Wert auf den passenden Charakter und das gewünschte Aussehen des Stubentigers. Bei Wohnungshaltung muss man sich darüber Gedanken machen, wie man die richtigen Bedingungen schafft, damit die Samtpfote nicht ein tristes, langweiliges Leben vor sich hat. Das Geschäft rund um und mit den Heimtieren floriert, auch die Anzahl der Züchter verschiedenster Katzenrassen ist riesig. Es gibt alles zu kaufen, was eine Wohnungskatze braucht – bis auf das Wichtigste: unsere Zuwendung und unsere Zeit. Die müssen wir unserer Katze schenken.

Die Autorinnen züchten selbst seit vielen Jahren Katzen und möchten Ihnen in diesem Buch die Gruppe der Kurzhaarkatzen vorstellen. Sie geben Entscheidungshilfen bei der Wahl einer bestimmten Rasse, wie man einen verantwortungsvollen Züchter findet und Tipps zur richtigen Haltung von Katzen, damit sie ein glückliches, gesundes Leben führen können. Hinweise zum Verständnis ihrer Gebärden- und Lautsprache, zur Ausstellung der Katze und zu den wichtigsten genetischen Grundlagen für Leute, die züchten möchten, sind ebenso in diesem Buch enthalten.

Schmusig und kuschelig ist fast jede Katze, die an Menschen gewöhnt ist. Das darf aber nie der einzige Grund sein, ein Kätzchen zu sich zu nehmen. Für alle Katzenliebhaber, besonders aber für die Menschen, die unseren Hauskatzentyp am liebsten mögen und solche, die vielleicht gerade zum ersten Mal von einer Katze um den Finger gewickelt worden sind und jetzt mehr wissen wollen, ist dieses Buch geschrieben.

Stuttgart und Ingelheim, im Herbst 1999
Gesine Wolf
Dr. Eva-Maria Götz

Es kann der Beginn einer großen Freundschaft sein.
Junge Katzen kommen mit Kindern gut klar.

Die Rassen

Wann ist eine Katze eine Rassekatze?

Kurzhaarkatzen gehören heute immer noch zu den beliebtesten Rassekatzen, obwohl es inzwischen so viele Rassen gibt, dass jeder Katzenfreund entsprechend seinem Temperament und Geschmack sein Lieblingstier finden kann. Es gibt sehr viele Züchter, denn die Nachfrage nach Katzen ist groß. Leider geschieht Katzenzucht nicht immer zum Vorteil der Tiere. In der Hoffnung, ein Geschäft machen zu können, wurden in den vergangenen Jahren Jungtiere im Überangebot auf den bereits ziemlich kommerzialisierten Heimtiermarkt gebracht. Für den Laien ist nur schwer zu überblicken, was wirklich Rasse ist und Klasse hat. Der Kaufinteressent muss mit Vorsicht und gesundem Misstrauen an sein Vorhaben gehen, wenn er sich entschieden hat, ein Jungtier aus verantwortungsvoller Zucht zu suchen.

Der Grundsatz ist: eine Rassekatze ist nicht eine Katze, die mehr oder weniger so aussieht wie ein standardtypischer Vertreter einer anerkannten Katzenrasse – eine Rassekatze ist eine Katze, die einen **Abstammungsnachweis** hat. Dieser muss von einem eingetragenen Zuchtverein ausgestellt worden sein. Um eine Ahnentafel, **Stammbaum** oder Pedigree genannt, für sein Jungtier zu erhalten, unterwirft sich der seriöse Züchter strengen tierschützerischen und zuchtspezifischen Auflagen.

> Jede Katze ohne Ahnentafel ist ein Tier unbekannter Herkunft und niemals eine Rassekatze. Seine genaue Abstammung kann nicht ermittelt werden, weil es die entsprechenden authentischen Unterlagen dazu nicht gibt.

Die Kurzhaarrassekatzen entstanden in den Herkunftsländern ursprünglich aus teilweise freilebenden Hauskatzen, die sich dem Menschen angeschlossen hatten. Die gezielte Zucht begann erst, als man entdeckte, dass sie sich von anderen Hauskatzentypen zum Beispiel in der Farbe deutlich unterscheiden. Mit dem Fortschreiten der Zucht wurde ein **Rassestandard** aufgestellt, der im Detail beschreibt, wie die ursprüngliche, typische Katze der jeweiligen Rasse aussieht. An diesem Rassestandard orientiert sich der Züchter.

Kurzhaarrassen wie die Britisch, Europäisch oder Amerikanisch Kurzhaar, die Chartreux und Bleu Russe sind auf den ersten Blick von unseren ganz normalen Hauskatzen nicht leicht zu unterscheiden, obwohl ihre Zuchtgeschichte teils weit in die Vergangenheit reicht. So sollen bereits im 16. Jahrhundert Kartäusermönche blaue Katzen gezüchtet

haben und 1756 beschrieb Jean Louis Buffon in seiner Naturgeschichte diese einfarbig blaue Katzenrasse. Chartreux-Katzen gibt es nur in blaugrauer Farbe; diese muss durch gezielte Zucht, das heißt ausschließlicher Verpaarung blauer Katzen untereinander, rein erhalten werden. Aufgrund der genetischen Eigentümlichkeit des verantwortlichen Farbgens würde die nächste Generation nicht mehr die blaue Farbe zeigen, sollte einer der Paarungspartner eine andere typische Farbe der Hauskatze – beispielsweise schwarz, getigert oder gescheckt – aufweisen. Heute werden kurzhaarige Katzen in vielen Farben gezüchtet, in denen sie in der Natur nicht vorkommen würden, sondern die nur durch gezielte Zuchtarbeit und -planung möglich sind.

Der schönste Platz ist eine gemütliche Höhle.

Britisch Kurzhaar

Herkunft der Rasse

Eine der beliebtesten Katzenrassen, die in Deutschland viele Freunde gefunden hat, ist die British Shorthair = Britisch Kurzhaar (BKH). Wer kennt nicht den schnurrenden Silbertiger aus der Katzenfutterwerbung oder die einfarbig blaue Katze mit dem Kuschelfell? Diese kräftigen, dickbepelzten, ursprünglich aus England stammenden Kurzhaarkatzen sind aus Kreuzungen von blauen Persern und echten britischen Hauskatzen hervorgegangen, und es gibt sie nicht nur in Blau und Silbertabby. Viele Farben hat der europäische Züchterfleiß inzwischen in vollendeter Schönheit hervorgebracht. Außer prächtigen Silbernen und Goldenen gibt es wunderschöne „bunte" Katzen, die sogenannten Bi- und Tricolors mit Weißscheckung. Alle erdenklichen Perserfarben sind auch bei den British Shorthair erlaubt, und das sind nicht wenige. Selbst als Colour Points, also mit Siamabzeichen, kann man sie auf Ausstellungen bewundern. Was vor etwa hundert Jahren in England begann, schnurrt heute in aller Welt in Dutzenden von Farbschlägen.

Früher wurde übrigens auch die Britisch Kurzhaar Blau (auch British Blue genannt) häufig als Kartäuser bezeichnet, weil die Zuchtlinien dieser Rasse und der französischen Chartreux (=Kartäuser) zeitweilig vermischt wurden. Inzwischen sind die beiden Rassen wieder streng getrennt - auch wenn sie sich nach wie vor sehr ähnlich sehen.

Einige europäische Züchter waren der Ansicht, die Britisch Kurzhaar tendiere in der Kopf- und Körperform zu stark zum sehr gedrungenen

Linke Seite: Eine ausdrucksvolle Katzenpersönlichkeit – die Britisch Kurzhaar in Schwarz.

9

Ausstellungsstandard (F.I.Fe.) der Britisch Kurzhaar		
Allgemein	Größe	groß bis mittelgroß
Kopf	Form	rund und massiv mit breitem Schädel
	Nase	kurz, breit und gerade mit einer leichten Einbuchtung, jedoch kein Stopp wie bei den "Exotic"
	Kinn	kräftig
Ohren	Form	klein und an den Spitzen leicht abgerundet
	Plazierung	weit gestellt
Augen	Form	groß, rund, weit geöffnet und weit auseinander gesetzt
	Farbe	• kupferfarben oder dunkelorange
		• blau
		• odd eyed
		• grün oder blaugrün, grün bevorzugt
Hals		Der Kopf sitzt auf einem kurzen, sehr kräftigen und gut entwickelten Hals.
Körper	Struktur	muskulös, gedrungen. Breite Brust, Schultern und Rücken stark und kräftig
Beine		kurz und stämmig
	Pfoten	rund und kräftig
Schwanz		kurz und dick, leicht gerundet an der Spitze
Fell	Struktur	kurz und dicht, nicht flach anliegend und mit guter Unterwolle. Feine Textur.
	Farbe	Jedes Haar sollte bis zur Wurzel einheitlich in der Farbe sein, ausgenommen bei den Tabby- und Silbervarietäten. Farben siehe Tabellen S. 95 und 96

Perser mit Puppengesicht, was sicherlich auf die stattgefundenen Persereinkreuzungen zurückzuführen ist. Sie strebten an, eine etwas schlankere Katze mit festerem, witterungsbeständigen Fell zu züchten, die der europäischen Hauskatze optimal entsprechen sollte. Diese Katzenrasse sollte fortan den Namen Europäisch Kurzhaar tragen (siehe S. 14) und die kräftigeren britschen Katzen mit weicherem Fell und dickeren Köpfen sollten als Britisch Kurzhaar gelten. Diese Trennung wurde 1982 durch die F.I.Fe. (Fédération Internationale Féline, internationale Züchterdachorganisation) festgelegt.

Rassestandard

Die oben stehende Übersicht stellt die wichtigsten Punkte des Ausstellungsstandards für Britisch Kurzhaar-Katzen vor. Daraus lässt sich viel über das Aussehen der liebenswerten Briten entnehmen.

F.I.Fe.-STAMMBAUM 1. DEKZV e.V.

Älteste Organisation und Zuchtbuchführung für Rassekatzen in Deutschland (seit 1922). Einziges deutsches Mitglied der F.I.Fe.

FEDERATION INTERNATIONALE FELINE

Eintragungen in diesem Stammbaum dürfen nur durch die Zuchtbuchstelle vorgenommen werden.

Name: Lisa of Dreamcastle

Geworfen: 24.September.1990

Geschlecht: weiblich

Farbe: lilac BRI-c

Rasse: Brit.Kurzhaar

Eingetr. ZB-Nr.: 354606

Züchter: Joachim Stolp 026346

Wohnung: Baldesstr. 29 70771 L.E.-Stetten

Eltern	Großeltern	Urgroßeltern	Ururgroßeltern
Vater Blue-Karle of Dreamcastle Farbe blau BRI-a ZB-Nr. 199431	IC. Kalli v. d. Allmend 173121 Farbe blau BRI-a Farbe Blue-Wilma of Dreamcastle 178824 blau BRI-a Farbe blau BRI-a	GIC. Cattepoel's Big Speeder 130854 BRI-a GIC. Fee v. d. Allmend 142078 BRI-a IC. Morgaine's Lilac Liberty 142700 BRI-c 160896 Bavarians Blue Quick-Silver BRI-a	*WW. Nicodemus v. Rednil BRI-a Cattepoel's Blue Bonny BRI-a *WW. Nicodemus v. Rednil BRI-a IC. Carolina <DK> BRI-v-62 Rettalan v. Diaspora CAT-b Panda's Bedtime Story BRI-g CH. Bavarians Blue Onkel Otto BRI-a GIC. Bavarians Blue Lady F BRI-a
Mutter Tante-Trude of Dreamcastle Farbe blau BRI-a ZB-Nr. 240979	214082 Azzaro of Dreamcastle Farbe blau BRI-a Farbe Babette v. Lady's Home 228435 Farbe blau BRI-a	199491 Blue-Karle of Dreamcastle BRI-a CH. Isabel v. Kiesel-Hauf 129191 BRI-g 229142 Cattepoel Josef v.Sternberg BRI-e CH. Cattepoel's E.Schwarzkopf 204213 BRI-n	IC. Kalli v. d. Allmend BRI-a Blue-Wilma of Dreamcastle BRI-a Sammy aus dem Harzerland BRI-a Helena v. Burg Herntelle BRI-e CH. Morgaine's Victor Valeaques BRI-a Cattepoel's Fantasy in Blue BRI-a Cattepoel's Shoeshine Boy BRI-n Betw.TheSheets v.Pendragon BRI-a

Prämiierungen auf Ausstellungen:
(Vom Besitzer selbst einzutragen)

Aussteller

Erläuterungen zu Prämiierungen: Ch. Int. = Internationaler Champion   Ch. = Champion   CACIB = Internationale Siegeranwartschaft   CAC = Siegeranwartschaft

■ Abstammungsurkunde.

■ Junge Britisch Kurzhaar in Blau und Lilac.

Wesen und Eigenschaften

Die gemütlichen Briten lieben die Geselligkeit in Maßen und sind ruhige, ange-
nehme Hausgenossen. Sie mögen es,
gestreichelt zu werden, allzu intensiv-
aufdringliche Liebesbezeugungen seitens
ihres Besitzers sind ihnen aber oft ein
wenig zu viel. Sie möchten gerne selbst
entscheiden, wann mit wem wieviel
geschmust wird. Ihre Stimme ist lieblich
und leise. Wegen ihres gemäßigten
Temperaments eignen sie sich sehr für
die reine Wohnungshaltung, sind aber
dennoch dankbar, wenn sie Zugang zu
einem gesicherten Bal-
kon haben, um ein we-
nig behaglich in der
Sonne zu liegen. Durch
ihren kompakten Kör-
perbau neigen sie
leicht zu Übergewicht
und sollten nach der
Kastration deshalb von ihrem Besitzer
vermehrt zum Spielen aufgefordert werden, damit sie in Form bleiben.

Die Kätzinnen sind gute Mütter, die
ihre zum Teil großen Würfe spielend
aufziehen und ernähren. Die frohwüch-
sigen Jungtiere machen dem Züchter
viel Freude, ernste Probleme gibt es
selten.

■ Links:
Nichts ist vor der
Neugier dieses blauen
Katzenbabys sicher.

> Die Pflege der Britisch Kurzhaar ist
> recht einfach: regelmäßiges Bürsten,
> besonders zu Zeiten des Haarwechsels,
> genügt. Baden und Pudern ist völlig
> unnötig.

■ Katzenmütter küm-
mern sich aufopfernd
um ihrem Nachwuchs.

13

Rechte Seite:
Draußen im Grünen gibt
es Spannendes zu beob-
achten: raschelt da etwa
eine Maus?

Europäisch Kurzhaar

Herkunft der Rasse

Die Europäisch Kurzhaar (EKH) entspricht der Reinzuchtform unserer bodenständigen, mitteleuropäischen Hauskatze. Eine Katze, die unserer Landschaft und unserem Klima perfekt angepasst ist. Obwohl die Hauskatze seit Jahrhunderten stete Begleiterin der Menschen war, ist ihre gezielte Zucht nach festgelegten Farbmustern und Standards relativ neu. Sie entwickelte sich eigentlich erst nach dem Zweiten Weltkrieg zu voller Blüte, wobei man sich stark am britischen Vorbild orientierte. Dies führte dazu, dass Perserkatzen eingekreuzt wurden, um das Standardziel zu erreichen und eine größere Farbvielfalt zu fixieren. Langfristig änderte sich dadurch der Typ in einer unerwünschten Weise. Die Köpfe wurden zu massig, hässliche Tränaugen und Gebissfehler schlichen sich ein, schließlich litt auch die Felltextur – das dichte, kurze, feuchtigkeitsabweisende Hauskatzenfell wurde zu plüschig und weich, um der nordeuropäischen Witterung zu trotzen. Dies sorgte insbesondere bei den skandinavischen Züchtern der Fédération Internationale Féline (F.I.Fe.) für Ablehnung, die einen eindeutig „wetterfesten", naturbelassenen Europäertyp schätzten. Als Konsequenz folgte in der F.I.Fe. deshalb 1982 eine Trennung der Kurzhaarschläge: die nach britischem Vorbild über Perser eingekreuzten Linien wurden als Britisch Kurzhaar und die schlankeren Stämme mit mehr Hauskatzenblut als Europäisch Kurzhaar eingestuft. Eine Vermischung beider Schläge ist absolut unerwünscht.

In den frühen 80er Jahren kam viel frisches Blut aus der Hauskatzenpopulation über die „Novizenklassen" in den Bestand der Europäisch Kurzhaar. In der Novizenklasse auf Katzenausstellungen konnte Tieren ohne Stammbaum unter bestimmten Bedingungen Zuchtstatus zugesprochen werden. Sie mussten von einer Reihe von Richtern als dem Standard entsprechend bewertet werden. Die Anforderungen waren allerdings sehr hoch, denn es ging darum, dass nur wirklich eindeutig rassetypische Tiere neu in das Zuchtbuch eingetragen wurden. Die Novizenklasse ist heute für die Europäisch Kurzhaar geschlossen. Die Rasse ist einheitlich durchgezüchtet und braucht keine frischen Einkreuzungen von Hauskatzen mehr.

Erst gähnen, dann
strecken, dann spielen...

14

Ausstellungsstandard (F.I.Fe.) der Europäisch Kurzhaar		
Allgemein		Die Europäer entsprechen einer Art "Zahm"-Katze, die sich natürlich, i.e. ohne spezielle Zuchtregeln entwickelt hat
	Gesamt-eindruck	Es wird vorausgesetzt, dass die "ideale" Europäer-Katze vollständig frei von Einkreuzungen anderer Rassen ist. Die Zucht soll darauf basieren, einen Körpertyp zu festigen, der robust und geschmeidig ist und sich, anatomisch betrachtet, nicht von der europäischen gezähmten Katze unterscheidet.
	Größe	mittel bis groß
Kopf	Form	ziemlich groß. Das Gesicht macht den Eindruck, gerundet zu sein, ist jedoch etwas länger als breit.
	Stirn/Schädel	Stirn und Schädel leicht gerundet.
	Wangen	gut entwickelt
	Nase	gerade, mittellang und gleich breit in der ganzen Länge. Der Ansatz an der Stirn muss deutlich definiert sein.
	Kinn	kräftig
Ohren	Form	mittelgroß, leicht gerundet an den Spitzen, können Haarbüschel haben. Die Höhe der Ohren entspricht der Breite am Ansatz.
	Plazierung	gut auseinander gesetzt, ziemlich aufrecht stehend
Augen	Form	• rundund offen, weit auseinander und leich schräg gestellt
	Farbe	• klare und reine Farbe.
		• Grün, gelb oder orange
		• blau
		• odd eyed: ein Auge blau, das andere grün, gelb oder orange
Hals		mittellang und muskulös
Körper	Struktur	• robust, stark und muskulös; nicht cobby.
		• Brustkorb rund und gut entwickelt.
Beine		stark und sehr kräftig, mittellang; gleichmäßig schmaler werdend zu festen runden Pfoten
Schwanz		mittellang, ziemlich dick am Ansatz, verjüngt sich gleichmäßig zu einer gerundeten Schwanzspitze
Fell	Struktur	kurz und dicht; fest und glänzend
	Farbe	weiß, schwarz, blau, rot, creme, schildpatt schwarz, schildpatt blau. Alle genannten Farben mit Silber, (Smoke) Tabby, Silber Tabby, Weißscheckung (Van, Harlekin, Bicolor)
Anmerkungen		Fellfarben, die aus einer Rassenkreuzung stammen, sind nicht erlaubt.
Fehler	Kopf	Hängewangen
	Größe	zu große Katzen
Fehler, die das Zertifikat aus-schließen	Kopf	deutlicher Stopp der Nase
	Körper	• zu gedrungen (cobby)
		• zu schlank
	Fell	• langes oder wolliges Fell
		• jedes Zeichen von Einkreuzung anderer Rassen (Hybriden)

Rassestandard

Die Übersicht auf der linken Seite stellt die wichtigsten Punkte des Ausstellungsstandard der Fédération Internationale Féline für Europäisch Kurzhaar vor. Aus dieser Übersicht lässt sich entnehmen, wie die typische Vertreterin dieser alten Katzenrasse aussehen soll.

Wesen und Eigenschaften

Von ihren Eigenschaften und ihrem **Wesen** entspricht die Europäisch Kurzhaar perfekt unserer Hauskatze, wie wir sie alle aus unserer Kindheit kennen. Robust und freiheitsliebend, eine gute Jägerin, aber auch eine anhängliche und kinderfreundliche Familienkatze, die gern mit dem Haushund den Korb teilt, wenn sie daran gewöhnt ist.

Wenn die Rassekatzenzucht sich weiter so entwickelt wie bisher und durch falsche Zucht, verstärkte Inzucht, Übertreibung bei der Ausprägung extremer Typmerkmale sich immer mehr Probleme einstellen, wird man eines Tages froh und dankbar sein, die Europäisch Kurzhaar als unverfälschtes Reservoir und „Genbank" für gefährdete Rassen nutzen zu können. Schon aus diesem Grund sollte die EKH möglichst viele Freunde bei Züchtern und Liebhabern finden. Sie kann eines Tages einen wertvollen Beitrag zum Erhalt der Rassekatzenzucht leisten.

17

Chartreux – die Kartäuserkatze

Herkunft der Rasse

Als eine sehr alte Rasse hat die französische Chartreux eine bewegte Geschichte. Ihre Wurzeln reichen bis zum Mittelalter zurück. Der typische Name „Chat des Chartreux" findet sich in Frankreich bereits Anfang des 18. Jahrhunderts und es werden Geschichten darüber erzählt, dass die Rasse ursprünglich vor Jahrhunderten von Kartäusermönchen begründet worden sei, die der Rattenplage abhelfen wollten.

> Von den Kartäusermönchen leitet sich der Name der Rasse ab:
> „Chat des Chartreux" bedeutet „Katze der Kartäuser".

Die Chartreux ist für den Laien fast nicht zu unterscheiden von der British Shorthair Blue. Im Jahre 1935 wurde für die Chartreux in Frankreich der erste Rassestandard festgelegt. Die einheimischen blauen Kartäuserkatzen waren dort aber sehr rar und um der drohenden Inzucht entgegenzusteuern, importierte man aus England die sehr ähnlich aussehenden British Blue-Katzen (siehe S. 9). Dies führte zu einer noch stärkeren typmäßigen Angleichung, so dass die Chartreux und die British Shorthair Blue schließlich um 1967 zu einer Rasse zusammengefasst wurden. Debatte folgte auf Debatte, was nun die echte Kartäuser sei und 1977 wurden die beiden Rassen in der Fédération Internationale Féline (F.I.Fe.) wieder getrennt, jedoch bekam die British Shorthair Blue den Namenszusatz „Kartäuser". Im Jahre 1991 gab es dann wieder eine Änderung – für den Laien ein unergründbares Durcheinander! Jetzt wurde die Zusatzbezeichnung „Kartäuser" für die Britisch Kurzhaar Blau in der F.I.Fe. gestrichen und die ausschließliche Bezeichnung lautet: Britisch Kurzhaar Blau. Für die Chartreux lautet sie eben „Chartreux". Der Volksmund bezeichnet jedoch nach wie vor alle, die echten Chartreux und die blauen Briten als „Kartäuser".

> Lange Zeit wurden Kartäuserkatzen zu den Europäisch Kurzhaar gezählt, dann durften sich die blauen Britisch Kurzhaar so nennen. Heute ist sie eine eigenständige Rasse mit genau definierten Merkmalen.

Der geringe Unterschied zwischen beiden Rassen ist, dass die Chartreux ein wenig zierlicher wirkt als die pummelige BKH Blau. Bei den blauen Briten ist dafür der helle, silbrig-blaue Schimmer des Fells besser ausgeprägt, dagegen sind viele Chartreux im Grauton ein wenig dunkler als ihre englischen Pendants. Die Augenfarbe der Chartreux muss von dunklem Gelb, Rotgold bis zu dunklem Kupfer sein, sie darf nicht die geringste Spur von Grün zeigen. Der Liebhaber dürfte in den Unterschieden nur unwesentliche Spitzfindigkeiten sehen. Für den Züchter aber sind sie bedeutend, denn es geht darum, Merkmale zu festigen, die die Rasse deutlich von einer anderen unterscheiden.

19

Rassestandard

Die folgende Übersicht stellt die wichtigsten Punkte des Ausstellungsstandard der Fédération Internationale Féline für Kartäuserkatzen vor.
Aus dieser Übersicht lässt sich entnehmen, wie sich die typische Vertreterin dieser traditionsreichen Katzenrasse von anderen blauen Katzenrassen unterscheidet.

Ausstellungsstandard (F.I.Fe.) der Chartreux–Kartäuser		
Allgemein		Kartäuser müssen deutlich von Russisch Blau und Britisch Blau unterschieden werden. Kreuzungen zwischen Kartäusern und diesen beiden Rassen sind unerwünscht.
	Größe	mittel bis groß
Kopf	Form/ Backen	• Der Kopf ist breit an der Basis; gut entwickelter Schädel, nicht gewölbt, mit schmalem flachem Zwischenraum zwischen den Ohren. • Die Backen geben dem Kopf eine Trapezform, breit an der Basis, oben schmal.
	Nase	breit und gerade, keine Stupsnase
	Schnauze	Das Ende der Schnauze kann zwischen den Backen herausragen
Ohren	Form	mittelgroß
	Plazierung	• hoch am Schädel sitzend, so dass die Katze einen aufgeweckten Eindruck vermittelt. • Leicht nach außen auslaufend
Augen	Form	groß und offen, nicht allzu rund, der äußere Augenrand ist leicht nach oben gezogen.
	Farbe	• Lebhaft. • Vom dunklem Gelb bis dunklem Kupfer; keine Spur von • Grün, kein wässriger Farbton, i.e. fahler Farbton. • Die Farbe muss rein sein; die intensivste Farbe wird bevorzugt.
Körper	Struktur	• kräftig, fest, muskulös. • Breite, gut entwickelte Brust. • Die Kartäuserkatze, vor allem der Kater, muss im Vergleich zur Größe stets kräftig wirken.
Beine		mittellang, in Proportion zum Körper, mit kräftigen Muskeln, nicht zu hoch.
	Pfoten	groß
Schwanz		• mittellang, zum Körper passend. • Der Schwanz kann etwas dünner zulaufen, das Ende muss jedoch in seiner Form abgerundet sein. Dieselbe Farbe wie der Körper
Fell	Struktur	• glänzend, dicht. • Unterfell an der Basis leicht wollig und sehr dicht. • Doppeltes Fell, bei dem die Haare "stehen".

Ausstellungsstandard (F.I.Fe.) der Chartreux–Kartäuser (Fortsetzung)		
Fell	Farbe	• Alle Schattierungen von Blau, von hellem Graublau bis zu dunklem Graublau sind erlaubt; ein helles Graublau wird bevorzugt. • Einheitlichkeit im Farbton ist wesentlich.
Nasenspiegel		blaugrau
Fußballen		blaugrau
Anmerkungen		• beim erwachsenen Kater gut entwickelte Backen, die bei der Katze weniger in Erscheinung treten. • Zwischen Kater und Katze besteht ein erheblicher Unterschied; die Katze ist eindeutig kleiner als der Kater, hat eine schmalere Brust und nicht so ausgeprägte Wangen wie der Kater; sie sollte jedoch robust und gut muskulös sein.
Fehler	Nase Augen Fell	nach oben gewölbte Nase • Spuren von Grün • wässriger, fahler Ton der Augenfarbe • weiße Haare • zu starker Unterschied in der Farbe der Deckhaare und des Unterfells. • Schattierungen, Geisterzeichnung, Tipping. • bräunlicher oder rötlicher Schimmer in der Fellfarbe.

Wesen und Eigenschaften

Die Chartreux ist der Britisch Kurzhaar Blau in vielerlei Hinsicht ähnlich. Dank ihres ruhigen und gemütlichen **Charakters** gerät sie kaum mit anderen Katzen in Streit. Sie ist ein angenehmer Hausgenosse, andererseits ein geschickter Mäusefänger, wenn sie nach draußen darf. Die Chartreux gilt als robust und wenig anfällig für Krankheiten, das dichte Fell prädestiniert sie auch für kühle Temperaturen. Eis und Schnee machen ihr nach Gewöhnung kaum etwas aus, schwüle Hitze dagegen liegt ihr nicht so sehr, dann sucht sie sich ein schattiges Plätzchen...

Die Chartreux hält sich gerne im Freien auf, deshalb sollten Fenster und Balkone mit Netzen gesichert sein.

Wer sich mit der Chartreux-Zucht befassen möchte, wird bald feststellen, dass er sich kein einfaches Metier gewählt hat, denn die Rasse ist bei uns sehr selten. Es ist fast unmöglich, einen Deckkater zu finden, ohne ins benachbarte Ausland, Frankreich oder die Schweiz etwa, zu fahren. Kreuzungen mit der British Blue sind nicht mehr

21

Chartreux-Kätzin
mit Kind aus Frankreich;
dort sind die Katzen
nicht so selten wie bei
uns.

zugelassen. Eine Möglichkeit
wäre noch, sich frisches Blut aus
den USA zu holen, denn dort ist
die Rasse sehr beliebt und es gibt
einige Züchter. Dies aber ist sehr
teuer und aufwendig. Den wun-
derschönen Chartreux-Katzen
bleibt zu wünschen, dass sich
hierzulande doch mehr interessierte Züchter finden, die sich dieser traditionsreichen Rasse widmen wollen.

Russisch Blau – Bleu Russe

Herkunft der Rasse

Rechte Seite:
Ein eigenwilliger Blick,
Zurückhaltung und
Noblesse zeichnet die
Russisch Blau aus.

Schon seit Hunderten von Jahren gelten einfarbig blaue Katzen als
kostbar. Kleiderfunde aus der Zeit der Wikinger deuten darauf hin,
dass bereits damals graublaue Katzen ihrer Pelze wegen von Menschen
gehalten wurden. In Russland und Skandinavien existierten schon sehr
früh Populationen von Katzen, die als Vorläufer unserer heutigen Russisch Blau-Katze gelten können.

Die Russisch Blau hat eine bewegte Geschichte. Mehrmals drohte sie
auszusterben, da sie sich in jüngerer Zeit gegen eine Vielzahl von
blaugrauen Katzenrassen zu behaupten hatte und dabei in den Hinter-
grund gedrängt wurde. Blaue Perser, Kartäuser oder Britisch Kurzhaar
Blau liefen ihr den Rang ab und zahlreiche Kreuzungen mit anderen
blaugrauen Rassen fanden statt.

Konkrete schriftliche Erwähnung findet die Rasse erstmals um
1850. In Geschichtsbüchern wird eine Russisch Blau-Katze namens
„Vatka" erwähnt, die am Zarenhof gelebt haben soll. Die Rasse erfreu-
te sich damals beim russischen Adel großer Beliebtheit. Die gezielte
Zucht nach einem festen Standard wurde allerdings, wie so oft, in
Großbritannien begründet. Erste Russisch Blau-Katzen gelangten als

Geschenk des Zaren an Königin Viktoria und ihren Sohn Edward VII nach England, weitere Tiere wurden über britische Handelsniederlassungen im nordrussischen Archangelsk eingeführt. Mrs. C. Carew-Cox importierte so im Jahre 1893 eine russische Kätzin namens „Olga" von dort in ihr Heimatland. Von diesem russischen Ausfuhrhafen leitete die Rasse eine weitere Bezeichnung ab: Archangelsk-Katze. Unter diesem Namen ist die Rasse aber nur einigen Insidern bekannt.

Bereits damals existierte in England die Rasse British Blue, eine kräftige blaue Kurzhaarkatze, die von der Bevölkerung sehr geschätzt wurde. Um die schlankeren Russisch Blau von den einheimischen Blauen abzugrenzen, wurde 1930 der Standard aktualisiert. Die Wirren des zweiten Weltkrieges brachten fast überall die Katzenzucht zum Erliegen. Nur wenige Russisch Blau-Katzen waren nach den Kriegsjahren noch vorhanden. Um die Rasse zu retten und um eine breitere Zuchtbasis zu erhalten, kreuzte man Blue Point-Siamesen ein. Mitte der 60er bis Anfang der 70er Jahre wurde der Standard erneut bearbeitet, um die Grundlage für eine konsequente, erfolgreiche Reinzucht zu schaffen. Insbesondere der schlanke und muskulöse Körperbau in Verbindung mit dem typischen doppelten Fell, welches kurz und dicht sein muss und Silberschimmer zeigt, wird darin betont. Bei der Kopfform finden sich im europäischen und im US-Standard leichte Abweichungen. Körperbau und Fellqualität jedoch lassen keinen Zweifel daran, dass sich die Russisch Blau von anderen blaugrauen Katzenrassen deutlich unterscheidet. Sie ist eine einmalige Schönheit.

Noch hat das Katzenkind nicht die lebhafte, grüne Augenfarbe der erwachsenen Russisch Blau.

Die Russisch Blau-Katze hat eine lange Geschichte. Sie soll vom russischen Adel geschützt worden sein.
Bis heute ist ihr Wesen eigenwillig und stolz geblieben. Trotzdem hat sie ein ausgeglichenes Temperament, ist verspielt und ihren Besitzern sehr zugetan.

Rassestandard

Die folgende Übersicht stellt die wichtigsten Punkte des Ausstellungsstandards für die Russisch Blau-Katze vor, die von der Fédération Internationale Féline festgelegt wurden. Aus dieser Übersicht geht viel über das Aussehen dieser attraktiven Katzenrasse hervor. Sie dient dem Züchter als Leitlinie bei der Auslese seiner Zucht- und Ausstellungstiere.

Ausstellungsstandard (F.I.Fe.) der Russisch Blau		
Kopf	Form	kurzer Keil: der Schädel ist lang und flach. Im Profil bilden Stirn und Nase einen konvexen Winkel auf Höhe der Augenbrauen.
	Stirn	gerade
	Nase	gerade
	Schnurrhaarkissen	stark betont
	Kinn	kräftig
Ohren	Form	● groß und ziemlich zugespitzt, weit am Ansatz. ● Die Haut der Ohren ist dünn und durchsichtig; die Innenseite ganz wenig behaart.
	Plazierung	vertikal zum Kopf stehend
Augen	Form	groß und mandelförmig, weit auseinander
	Farbe	lebhaftes Grün
Hals		lang und gerade
Körper	Struktur	langer Körper, mittelstarker Knochenbau, jedoch graziöser Wuchs und Gesamteindruck
Beine		fein und hoch
	Pfoten	klein und oval
Schwanz		ziemlich lang und zu einer Spitze zulaufend
Fell	Struktur	● kurz, dicht und sehr fein, plüschartig aufstehend; weich und seidig. Doppeltes Fell. ● Die Textur und das Aussehen des Felles unterscheiden sich wesentlich von dem der anderen Rassen.
	Farbe	blaugrau, gleichmäßig und rein, mit einem deutlichen Silberschimmer. Mittleres Blaugrau mit Silberschimmer wird bevorzugt.
Nasenspiegel		blaugrau
Fußballen		dunkel lavender
Fehler	Kopf	● viereckiger Kopf ● runder Kopf ● Siamtyp
	Augen	● runde Augen ● gelber Farbton in der Augenfarbe
	Körper	gedrungen oder dick gebaut
	Schwanz	zun breit am Ansatz
	Fell	● flach anliegendes Fell ● Tabbymusterung, Streifen oder Schattierungen (Geisterzeichnung) ● weiße Flecken

25

Wesen und Eigenschaften

Bleu Russe-Katzen haben seit jeher einen festen Freundeskreis, der diese wunderbare Rasse mit keiner anderen tauschen würde. So wie ihr Äußeres harmonisch und ausgeglichen ist und keinesfalls zu Extremen neigt, ist auch das **Wesen** eine gelungene Mischung aus Verspieltheit, Temperament, gediegener Grazie und vornehmer Zurückhaltung.

> „Russen" drängen sich niemals auf, ganz besonders nicht bei Fremden, die erst einmal aus sicherer Entfernung eingeschätzt werden.

Trotz ihrer noblen Zurückhaltung lieben Russisch Blau-Katzen Geselligkeit mit Menschen, anderen Katzen und Haustieren, brauchen aber genug Raum, um sich bei Bedarf ungestört zurückziehen zu können. Sie legen Wert auf eine gepflegte Privatsphäre und möchten gerne selbst entscheiden, wann sie am Familienleben teilnehmen.

Die schönen Blauen aus dem kalten Osten sind noch sehr instinktsicher und selbstbewusst. Die Kätzinnen sind gute Mütter, die ihre Kinderschar zuverlässig versorgen. Sogar von einigen Katern ist bekannt, dass sie an der Jungenaufzucht teilhaben möchten. Es gibt viele Russisch Blau-Zuchtkater, die erst spät oder überhaupt nicht anfangen zu spritzen, und wenn, dann in erträglichem Rahmen.

Blaue Russen lieben es, gelegentlich nach draußen zu gehen. Ihr dichtes Fell schützt sie bei jedem Wetter ganz hervorragend. Aus die-

Ein ausgewachsener Russisch Blau Kater darf die typischen Katerbacken haben.

sem Grund ist es empfehlenswert, den Balkon oder ein Stückchen Garten mit Netzen oder durch ein Außengehege katzensicher zu machen.

Hält man mehrere Katzen dieser Rasse, sollte man jeder etwas Freiraum zu Verfügung stellen, wohin sie sich ungestört zurückziehen kann, wenn sie mag. Verschiedene Kratzbäume, Kartons und Schlafplätze gehören unbedingt dazu, ebenso ausreichend Spielzeug, um die lebhaften und intelligenten Russen zu beschäftigen, wenn der Besitzer selbst wenig Zeit hat, mit seinen Katzen zu spielen.

■ In Red Tabby (rotgetigert) ist die American Shorthair besonders attraktiv.

American Shorthair

Herkunft der Rasse

Die American Shorthair ist sozusagen die Reinzuchtform der echten nordamerikanischen Hauskatze. Sie wird in den USA in einer Vielzahl an Farben und Mustern gezüchtet. In Europa ist sie sehr selten, man kann aber bei den großen amerikanischen Züchterorganisationen, die auch Clubs in Europa unterhalten, Züchteradressen erfahren (siehe S. 106).

Es wird vermutet, dass die Vorfahren der American Shorthair mit den ersten Pilgern und Siedlern aus Großbritannien kamen. Die ersten eingetragenen Katzen der Rasse stammten nachweislich aus England

27

Ausstellungsstandard (US-Standard) der American Shorthair	
Kategorie	Kurzhaar
Körperbau	mittelgroß bis groß, drahtig und kraftvoll, weder gedrungen noch schlaksig
Fell	kurz, dicht und gleichmäßig, griffig, im Winter etwas schwerer und dicker
Kopf	groß, mit vollen Wangen, ovale Form: etwas länger als breit; eckige Schnauze; mittellanger, muskulöser Hals
Nase	mittlere Länge
Kinn	fest und gut entwickelt
Augen	rund, weit auseinander stehend, äußerer Augenwinkel leicht schräg
Ohren	mittelgroß mit abgerundeten Spitzen, weit auseinander stehend
Körper	drahtiger, kraftvoller Körper mit gut entwickeltem Brustkorb und massigen Schultern
Beine	mit kräftigem Knochenbau und starker Muskulatur
Pfoten	fest, dick, rundlich, mit kräftigen Ballen
Schwanz	mittellang, am Ansatz breiter, mit stumpfer Spitze
Farben*	Weiß, Schwarz, Blau, Rot, Creme, Chinchilla, Shaded Silver, Shell Cameo, Shaded Cameo, Black Smoke, Blue Smoke, Cameo Smoke, Schildpatt Smoke, Brown Patched Tabby, Blue Patched Tabby, Silver Patched Tabby, Silver Tabby, Red Tabby, Brown Tabby, Blue Tabby, Creme Tabby, Cameo Tabby, Schildpatt, Calico, Dilute Calico, Blaucreme, Bicolor, Van Bicolor, Van Calico, Van Blaucreme mit Weiß
Fehler	zu plumper Körperbau oder zu ausgeprägte Feingliedrigkeit, Fettleibigkeit oder Knochigkeit, sehr kurzer Schwanz
Disqualifikation	● langes, flauschiges Fell ● Knickschwanz oder sonstige Anomalien des Schwanzes ● tiefer Break in der Nase im Profil ● Poly- oder Oligodaktylie

*) Anmerkung zu den Fellbezeichnungungen im Standard der American Shorthair:
„Brown Tabby" ist genetisch Schwarz Tabby;
„Patched Tabby" entspricht Classic = Blotched Tabby, bei uns auch Marmorierung oder Räderzeichnung genannt;
Calico ist die amerikanische Bezeichnung für Dreifarbigkeit:
Schwarz-Rot auf Weiß; Van-Zeichnung bezieht sich auf
die Position der Farbflecken bei weißgescheckten
Katzen: sie befinden sich nur um die Ohren, etwas
entlang der Wangen und am Schwanz, der Rest
des Körpers ist weiß.

und wurden mit einheimischen Kurzhaarkatzen gekreuzt, erste Zuchtbucheintragungen datieren auf die Jahre 1900 und 1904. Bis 1965, als die Rasse ihren jetzigen Namen erhielt, wurde sie als Domestic Shorthair bezeichnet. Neben den ebenfalls nach Amerika auf Segelschiffen eingeführten Langhaarkatzen wie Angora und Norwegische Waldkatze sollen die American Shorthair zu den Urahnen der heute so beliebten Rasse der Maine Coon-Katze gehören.

Sehr eng verwandt mit der American Shorthair-Katze ist die American Wirehair, die amerikanische Drahthaarkatze, die ein spärliches, rauhes Fell besitzt. Die Mutation des Gens für die Haarstruktur führt dazu, dass alle drei Haartypen dieser Katze mehr oder weniger unregelmäßig gewellt sind. Das Fell der American Wirehair fühlt sich ähnlich an wie das des Drahthaar-Foxterriers.

Amerikanisch Kurzhaar-Katzenkind, Silver Tabby.

Rassestandard

Die Übersicht auf Seite 28 stellt die wichtigsten Punkte des US-amerikanischen Ausstellungsstandards für die American Shorthair-Katze vor. Daraus lässt sich viel über das Aussehen dieser robusten, intelligenten Katzenrasse entnehmen.

Wesen und Eigenschaften

Aus den englischen Mäusefängern auf den Schiffen der Pilgerväter hat sie sich zur Farmkatze der Neuen Welt entwickelt.

Die Amerikanische Kurzhaarkatze hat sich lange Zeit weitgehend unbeeinflusst von menschlichem Eingreifen entwickelt und fortgepflanzt. Demzufolge ist sie auch heute noch ein sehr naturbelassenes Tier, dessen Körperform keinerlei Extreme aufweist. Sie ist eine typische „Arbeitskatze", sehr wohl geeignet, Scheune und Keller frei von Mäusen, Ratten und anderem Ungeziefer zu halten.

Kein Wetter, mag es noch so rauh sein, kann sie davon abhalten, draußen ihrer Lieblingsbeschäftigung nachzugehen: der Jagd. Entsprechend ist auch ihr Fell: dicht und wasserabweisend, es bedarf keiner weiteren Pflege.Die Kätzinnen ziehen ihre Kätzchen instinktsicher und problemlos auf. Auch sonst gilt die Rasse als sehr robust und nicht besonders krankheitsanfällig. American Shorthairs sind sehr intelligent, mutig und anpassungsfähig. Trotzdem eignen sie sich perfekt als Familienkatzen mit Freiauslauf in Hof und Garten, denn sie sind auch umgänglich und gelassen.

29

Kauf einer Kurzhaarkatze

■ Rechte Seite:
Es ist nicht schwer,
unter einer Schar von
Katzenkindern sein
„Traumkätzchen" zu
finden.

Wenn Sie sich ein neues Kätzchen kaufen, egal welcher Rasse, sollten Sie dies nicht spontan tun. In Tier- und Katzenzeitschriften sowie über die Zuchtverbände (siehe auch S. 106) finden Sie Adressen von Züchtern, die Ihnen verantwortungsvoll aufgezogene Jungtiere anbieten.

Besuch beim Züchter

Bevor Sie die Entscheidung treffen, eine Rassekatze zu erwerben, anstatt ein Kätzchen aus dem Tierheim zu holen – sei es, weil Sie an einer befahrenen Straße oder im elften Stock wohnen oder einfach, weil Sie eine ganz bestimmte Vorstellung vom Aussehen und der Wesensart „Ihrer" Katze haben – muss der erste Schritt immer sein: informieren, lesen, Ausstellungen besuchen und mit Züchtern und Haltern von Rassekatzen reden. Schließlich findet man „seine" Traumkatze. Wenn Sie eine seltene Farbe oder Rasse suchen, werden Sie eventuell Wartezeiten oder eine längere Fahrt in Kauf nehmen müssen, aber schließlich lohnt der weiteste Weg fürs Traumkätzchen.

> **TIPP**
> Auf Katzenausstellungen, in den entsprechenden Fachzeitschriften (siehe S. 107), und beim Züchter selbst erhält der Kaufinteressent detaillierte Information, die ihm hilft, sich ein Bild vom Wesen und Temperament seines Katzenfavoriten zu machen.

Ist die Entscheidung gefallen, dass es eine Kurzhaarkatze sein soll, mit der Sie Ihr zukünftiges Leben teilen wollen? Dann rufen Sie den Züchter an. Vor dem Besuch dort sollten sie jedoch einige grundsätzliche Dinge klären.

Die Frage nach dem Kaufpreis ist nicht die wichtigste, denn alle seriös aufgezogenen Rassekätzchen haben ihren Preis. Er liegt etwa zwischen 800 und 1200 DM. Für vielversprechende Ausstellungstiere kann auch mehr verlangt werden. Begegnen Sie solchen Angeboten mit Vorsicht, die sehr weit unter dem unteren Limit liegen, denn leider gibt es im Heimtiermarkt genügend obskure Quellen, krasse Fälle von Geschäftemacherei und unschöne Konkurrenzkämpfe unter Züchtern um Marktanteile.

In diesem ersten Telefonat mit dem Züchter fragen Sie, welche Jungtiere zu haben sind. Farbe, Alter und Geschlecht sind interessant. Erkundigen Sie sich, welche Impfungen die Kätzchen bereits erhalten

haben. Zusatzimpfungen können den Kaufpreis um etwa 50 DM pro Impfung erhöhen. Wichtig ist auch, ob die Katzeneltern auf **Katzenleukose (FELV)** und **erworbene Immunschwäche (FIV)** untersucht worden sind. Diese unheilbaren Krankheiten können die Elterntiere bereits auf die Katzenkinder übertragen haben, wenn eine Infektion nicht durch entsprechende Bluttests im Vorfeld ausgeschlossen wurde.

Bei Abgabe sollte jedes Katzenbaby wenigstens gegen **Katzenseuche** und **Katzenschnupfen** geimpft sein. Das ist die absolute Mindestforderung, auf die Sie bestehen müssen.

Haben Sie selbst Kinder, so sollten Sie nach Möglichkeit ein Kätzchen aus einem Züchterhaushalt mit Kindern nehmen. Die kleinen Stubentiger können dann schon die Geräusche und die schnellen Bewegungen von Kindern einschätzen, ohne sich zu erschrecken. Dasselbe gilt, wenn Sie Ihr Kätzchen zum Hund dazu nehmen wollen. Viele Katzenzüchter haben selbst Hunde und die Jungtiere sind von Anfang an damit vertraut. Das erleichtert die Eingewöhnung im neuen Zuhause enorm.

Der persönliche Eindruck entscheidet

In der wichtigsten Phase der Entwicklung der Jungtiere lernen diese beiden, miteinander umzugehen.

Ein verantwortungsvoller Züchter wird einen unverbindlichen Besuch gerne gestatten und Ihnen voller Stolz seine freundlichen, bestens gepflegten Zuchttiere zeigen. Er ist in zuallererst ein Katzenfreund und erst in zweiter Linie Züchter. Deshalb besitzt er normalerweise auch

mehrere kastrierte Tiere – Kätzinnen oder Kater, mit denen er nicht mehr züchtet, von denen er sich aber niemals trennen würde, nur weil sie für die Zucht „ausgedient" haben.

Bei einem tierfreundlichen, seriösen Züchter sind alle Katzen vertrauensvoll, zugänglich und zeigen Neugier am Besuch. Sehr junge Kätzchen sind quirlig, sie spielen und toben lieber als dass sie bei den netten, fremden Leuten ruhig auf dem Arm bleiben. Dafür kommen Katzenmama oder Katzenoma gerne auf den Schoß und die Katzentante schnurrt freundlich um ihre Beine, während Sie versuchen, mit den Jungtieren ein wenig zu spielen und zu schmusen.

Wählen Sie sich Ihren neuen Familienzuwachs immer persönlich aus. Vielleicht werden Sie selbst auch von einem unwiderstehlichen Kätzchen ausgewählt. Kaufen Sie nicht nach Foto oder Video. Das wichtigste sind Ihr Gespür und Ihr eigener gesunder Menschenverstand: ist Ihnen der Züchter sympathisch, ist seine Beziehung zu seinen Tieren liebevoll, redet er sie mit Namen an? Oder sind sie etwa nur Verkaufsobjekte für ihn? Ein seriöser Züchter wird nicht versuchen, Ihnen ein Tier aufzudrängen. Er wird auf Sie eingehen. Er kann Ihnen ein bestimmtes Jungkätzchen empfehlen, das von seinen Eigenarten her besonders gut Ihren Wünschen entspricht. Er kann es aber auch verweigern, wenn er den Eindruck hat, Sie passen nicht zusammen.

Wie leben die Katzen?

Das Heim eines guten Züchters ist sauber und aufgeräumt, aber natürlich wird Katzenspielzeug herumliegen. Katzenkörbchen und Kissen an verschiedenen warmen, gemütlichen Plätzen gehören zur Einrichtung. Futterschälchen und ein Napf mit frischem Wasser sind zu sehen, der sichtlich benutzte Kratzbaum sollte aber nicht völlig unansehnlich geworden sein. Die Katzen bewegen sich entspannt und selbstverständlich in den Wohnräumen, weil sie mit ihren Menschen darin leben.

Zu makellose Designer-Wohnzimmer, in denen die Katzen ängstlich oder geduckt herumhuschen und der Zuchtkater irritiert von Möbelstück zu Möbelstück tigert, lassen eher darauf schließen, dass die Tiere

> **TIPP**
> Es ist ein gutes Zeichen, wenn der Züchter Sie in allen Einzelheiten über den zukünftigen Platz seines Jungtieres ausfragt. Ihm selbst muss am meisten daran gelegen sein, ein gutes Zuhause für seine Katzenkinder zu finden.

Dreifarbige Katzen wie diese sind immer weiblich. Sie gelten in manchen Ländern als Glückskatzen.

TIPP

Kleine Kätzchen, die in Kellern, Käfigen und Zwingern aufgezogen wurden, leiden häufig unter Verhaltensstörungen und werden bei allem Mitleid, das man mit ihnen hat, immer problematisch bleiben. Suchen Sie sich dann lieber einen anderen Züchter!

normalerweise nicht hier leben. Sie wurden dann nur für die Gäste in den menschlichen Wohnbereich geholt, sind sonst aber an Örtlichkeiten untergebracht, die möglicherweise nicht vorzeigbar sind. Katzen, die so gehalten werden, reagieren ihrem Züchter gegenüber nicht entspannt und vertraut, sondern ausweichend oder ablehnend auf seine Liebkosungsversuche, denn sie sind es nicht gewohnt. Hier heißt es: Vorsicht!

Wenn Sie Zeitung lesen, will Ihre junge Katze mitmachen. Geben Sie ihr lieber ein eigenes Stück!

Wie steht es um die Katerhaltung ?

Fragen Sie den Züchter nach dem Vater Ihres neuen Kätzchens. Wenn er eigene Zuchtkater hält, lassen Sie sich zeigen, wie sie leben. Zuchtkater pflegen ihren Wohnbereich mit stark „duftendem" Urin zu markieren, deshalb muss ein spritzender Kater oft in einem eigenen, leicht zu reinigenden Bereich gehalten werden. Weder ein kleines Badezimmer noch ein Käfig im Keller sind dazu geeignet. Auch ein kleines, einsames Häuschen am Ende des Gartens ist nicht die Lösung. Kater, die spritzen, werden entweder in großen, gut belüfteten Katerzimmern gehalten, die hell und freundlich eingerichtet sind, oder in geräumigen, heizbaren Katerhäusern – am besten mit Zugang zu einem eingezäunten Freiauslauf.

Auch ein Zuchtkater braucht Geselligkeit und wenn man ihn wegen des Urinspritzens nicht in der Wohnung halten kann, sollte er zusammenleben können mit kastrierten Jungkatern oder Söhnen, mit denen er sich verträgt. Sowohl das Katerzimmer als auch das Katerhaus müssen mit Kratzbäumen, Aussichtsplattformen und Ruheplätzen ausgestattet sein, um dem Kater geistige Anregung zu bieten. Er muss klettern und spielen können und Zugang zu frischer Luft und Sonne haben. Vor allem aber braucht er viel menschlichen Kontakt.

Am Fell von Zuchtkatern erkennen Sie am besten, wie viel Zeit der Züchter ihnen widmet. Erwachsene Kater haben oft – hormonell bedingt – fettiges Fell, besonders am Schwanz. Sie brauchen deshalb mehr menschliche Hilfe bei der Fellpflege. Schenkt der Züchter diese Zeit auch seinen Katern, die nicht innerhalb der Wohnung gehalten werden, dann hat er gesunde, zufriedene Zuchttiere. Und Sie können ein Jungtier erwarten, das aufgeschlossen und freundlich ist.

♀   ♂

An ihrer Rückansicht lassen sich weibliche und männliche Babykatzen unterscheiden: Links kleine Kätzin rechts kleiner Kater.

Checkliste für den Katzenkauf

- Gehen Sie bei der Auswahl Ihres Tieres keine Kompromisse ein. Lassen Sie sich nicht von Ausstellungspreisen blenden. Berge von Pokalen und Schleifen sind keinerlei Gewähr für ein fittes, gut sozialisiertes Jungtier. Auch noch so monströse Championtitel der Elterntiere geben keine Garantie für die „Familieneignung" Ihres neuen Kätzchens.

- Sie wollen in erster Linie einen liebenswerten neuen Hausgenossen, der sowohl körperlich, als auch seelisch gesund ist.
  Nur ein Kätzchen, das mit Menschen zusammen aufgewachsen ist, ist auch menschenbezogen und verschmust. Ein wirklich guter Züchter kann Ihnen in allen Einzelheiten das Wesen und die Eigenheiten jedes seiner Kätzchen schildern. Wenn später einmal ein Champion daraus werden sollte oder eine begnadete Katzenmutter, umso besser.

- Lassen Sie Ihre Intuition sprechen, wählen Sie ein freundliches, verspieltes Jungtier von aufgeschlossenen Katzeneltern, die im engeren menschlichen Kontakt vom Züchter gehalten und aufgezogen werden.

- Verlangen Sie Gesundheitsgarantien in Form von Impfpass und tierärztlicher Gesundheitsbescheinigung.

Fazit

- Seien Sie kompromisslos bei der Auswahl Ihres Tieres. Ausstellungspokale und Schleife der Elterntiere geben keine Garantie für die Familieneignung Ihres neuen Kätzchens.
- Sie wollen einen liebenswerten neuen Hausgenossen, der körperlich und seelisch gesund ist. Menschenbezogen und verschmust kann nur ein Kätzchen sein, das mit Menschen zusammen aufgewachsen

35

ist. Ein guter Züchter kennt seine Tiere ganz genau und kann Ihnen in allen Einzelheiten das Wesen und ihre Eigenheiten schildern. Sollte aus Ihrem neuen kleinen Liebling einmal ein Champion werden oder eine begnadete Katzenmutter, umso besser.

■ Eine entspannte Katze kauert nicht, sie streckt sich genüsslich.

- Lassen Sie Ihre **Intuition** sprechen, wählen Sie ein freundliches, verspieltes Jungtier von ebensolchen Katzeneltern, das im engen menschlichen Kontakt vom Züchter gehalten und aufgezogen wurde.
- **Gesundheitsgarantien**: Impfpass, tierärztliche Gesundheitsbescheinigung und wenn möglich, Virustest-Bescheinigungen der Elterntiere sollten unbedingt dazu gehören.
- Kaufen sie ein Rassekätzchen nur bei einem Züchter, der ordentliches Mitglied eines eingetragenen Vereines ist. Sie erkennen das am e.V. (**eingetragener Verein**) beim Vereinsnamen. Mitglieder dieser Vereine verpflichten sich, bei der Zucht von Katzen tierschützerisch orientierte Regeln und Auflagen einzuhalten.
- Aus **Stammbaumurkund**e des Kätzchens geht hervor, welcher Verein sie ausgestellt hat. Ein Blick darauf lohnt sich schon beim Besuch des Züchters: fehlt das e.V., heißt es besser „Finger weg". In Deutschland gibt es leider auch die Möglichkeit, „Ahnentafeln" zu erhalten, die ohne Prüfung der Authentizität der Elternpapiere und ohne fachliche Überprüfung der genetischen Fakten gegen geringe Gebühr erstellt werden. Solche Papiere werden von den eingetragenen Vereinen in Zucht und Ausstellung nicht anerkannt.

Denken sie daran: Für jedes verkaufte Kätzchen aus dem Zoohandel wird sich unweigerlich ein neues auf den schlimmen Leidensweg machen müssen!

- Kaufen Sie kein Kätzchen in der Zoohandlung. Die Tiere dort sind oft Billigimporte aus dem Ausland, die, meist noch viel zu jung, durch Herkunft und Transport lebenslang vorgeschädigt sein können. Auch darf solche Art Tierhandel auf keinen Fall gerade dadurch unterstützt werden, dass man ein Kätzchen aus Mitleid kauft.

■ Linke Seite: „Wer bist du?" scheint dieses Kätzchen selbstbewusst und neugierig zu fragen.

Vom Katzenkind zur erwachsenen Katze

Auch kleine Katzen werden groß. Von dem Tag, wenn es zu Ihnen kommt, bis zur ausgeglichenen erwachsenen Katze gibt es einiges zu lernen – für Ihr Prachtstück und für Sie!

Das neue Kätzchen kommt: Vorbereitungen

Bevor Sie zum Züchter fahren, um sich Ihr Katzenbaby abzuholen, sollten Sie bereits die wichtigsten Dinge vorbereitet haben. Die erste **Grundausstattung** an Katzenzubehör sollte schon eingekauft sein, damit sich Ihr Katzenkind gut eingewöhnen kann.

Grundausstattung	
• Transportbehälter	• Wasserschale
• Zwei Katzentoiletten	• Kämme und Bürsten
• Ton- oder Holzstreu	• Kratzpfosten und
• Plüschhöhle	Kletterbaum
• Futternapf	

Das Katzenkistchen gehört zur Grundausstattung. Mit der Gitterschaufel entnehmen Sie die verbrauchte Streu.

- Für die erste Zeit benötigen Sie zwei **Katzentoiletten und Zubehör**: eine große Haustoilette mit Dach, eine kleine, flache Toilette mit Rand und dazu zwei Gitterschaufeln für Toiletten sowie eine gute, **klumpenbildende Ton- oder Holzstreu**. Gebleichte oder anderweitig chemisch behandelte Einstreu ist nicht zu empfehlen.
- Eine **Plüschhöhle** ist kuscheliger als der Schlafplatz im Transportbehälter und lohnt sich in jedem Fall. Man stellt sie am besten in einer erhöhten Position auf, vielleicht in Heizungsnähe, denn Katzen lieben Wärme und Aussicht.
- Ein **Kratzpfosten** für ihr süßes Katzenbaby wird nötig sein, denn es hat auch Krallen, die es pflegen muss. Später sollte man selbst einen standfesten, großen **Kletterbaum** bauen oder ein Modell im Fachhandel kaufen. Ein Kletterbaum mit vielen Möglichkeiten, sich auch dreidimensional im Raum bewegen zu können, hält die Katze körperlich fit und psychisch gesund.

38

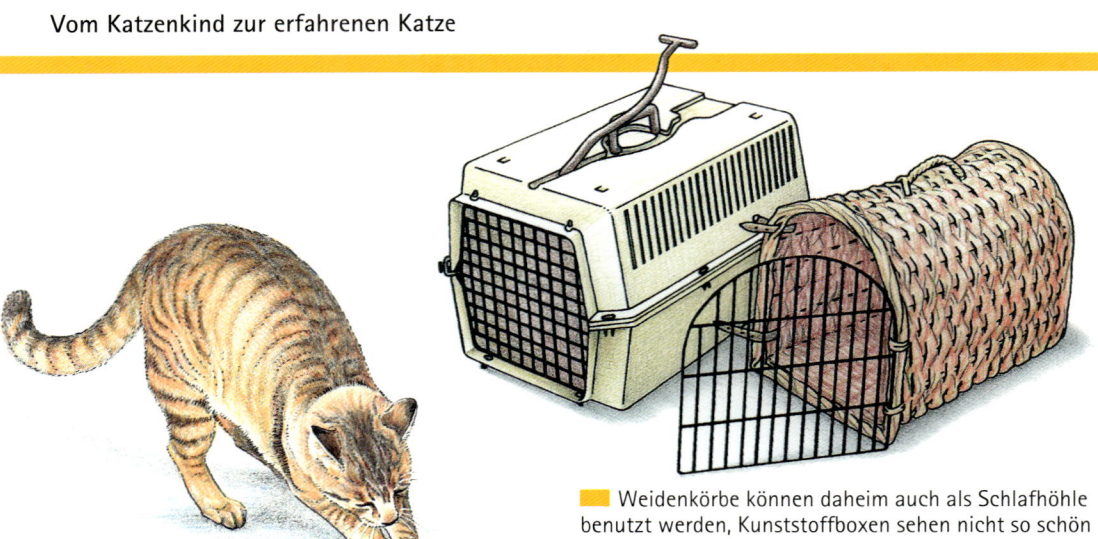

■ Weidenkörbe können daheim auch als Schlafhöhle benutzt werden, Kunststoffboxen sehen nicht so schön aus, sind aber gut zu reinigen.

■ Um Krallenwetzen am Sofa zu verhindern, lohnt es sich, ein ordentliches Kratzbrett zu besorgen.

● Das Wichtigste, zum Beispiel für den späteren Tierarztbesuch zum Impfen und Entwurmen oder zum Verreisen, ist ein stabiler **Transportbehälter** aus Kunststoff. Solche Behälter speziell für Katzen sind leicht zu reinigen und zu desinfizieren. Sie werden nach Entfernen der Eingangstür von den Katzen gerne auch zu Hause als Schlafhöhle benutzt.

Krallenwetzen ist Lebensgefühl und Fitnesstraining – also viel mehr als nur Pflege der „Jagdwaffen": Eine kranke Katze wetzt ihre Krallen nicht. Gleichzeitig dient Krallenwetzen auch der Reviermarkierung, denn von kleinen Drüsen zwischen den Pfotenballen werden Stoffe freigesetzt, die Duftnachrichten für andere Katzen sind. Für unsere im Vergleich zur Katze relativ unsensiblen Menschennasen sind sie allerdings nicht wahrzunehmen. Krallenschneiden hilft nicht, das „Wetzproblem" aus der Welt schaffen – im Gegenteil, Sie nehmen Ihrer Katze damit ein wichtiges Stück Lebensqualität! Investieren Sie lieber gleich am Anfang in einen attraktiven „Krallenwetzplatz", dann ersparen Sie sich später Ärger mit beschädigten Möbeln oder Tapeten.

● Selbstverständlich brauchen Sie noch **Futternapf** und **Wasserschale**, am besten aus natürlichen

■ Die Näpfe sollen standfest sein, damit Ihr Leckermaul nicht mit den Schnurrhaaren am Rand anstößt.

Materialien wie Ton, Keramik oder Edelstahl. Sie sollen schwer und standfest sein und eine große, weite Öffnung haben. Katzen stoßen nicht gerne mit ihren Schnurrhaaren an den Napfrand, wenn sie fressen oder trinken.

- Über das **Futter,** das Sie benötigen, wird Sie der Züchter informieren. In den ersten Tagen halten Sie sich ganz genau an den Futterplan für das Katzenkind, den er Ihnen vielleicht sogar mit einem „Fresspaket", bestehend aus dem gewohnten Futter für die erste Zeit, mit auf den Weg gibt. Wenn es erforderlich sein sollte, können Sie Ihr Kätzchen später schrittweise auf ein anderes Futter umstellen.
- Welche **Kämme** und **Bürsten** Sie zur Fellpflege Ihrer zukünftigen Katzenschönheit nötig sind, kann Ihnen ebenfalls der Züchter sagen.

Alles genannte Zubehör können Sie in Zoofachmärkten kaufen.

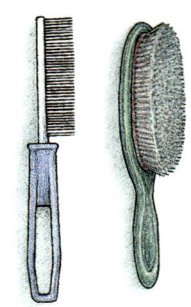

Kämme und Bürsten gibt es in großer Auswahl.

Abholen

Holen Sie Ihr Kätzchen an einem Wochenende oder zu Beginn Ihres Urlaubs zu sich nach Hause, damit Sie genug Zeit haben, sich dem neuen, süßen Hausgenossen zu widmen. Lassen Sie sich bei der Auswahl Zeit. Wenn Sie nicht züchten wollen, wählen Sie das Kätzchen, das Ihnen am sympathischsten ist und das sich bereitwillig von Ihnen hochnehmen und streicheln lässt. Es muss sauber sein und darf kein Ungeziefer haben. Schwarze Krümel im Fell sind ein Zeichen für Flohbefall – Grund genug, bei diesem Züchter kein Kätzchen zu kaufen.

Das Katzenbaby sollte jetzt 12 bis 14 Wochen alt sein, nicht jünger. Es soll munter und wohlgenährt, aber nicht aufgebläht wirken. Sein weiches Fell muss sauber und glänzend sein. Das junge Kätzchen hat klare Augen, die nicht tränen dürfen. Nase, Öhrchen und Popo sind ebenfalls sauber und trocken und ohne Verklebungen oder Verkrustungen.

Wenn das Katzenkind ausgeschlafen hat, verwandelt es sich schnell in ein Energiebündel.

Der Kaufvertrag – ein wichtiges Papier

Üblicherweise schließt der Züchter mit Ihnen einen **Kaufvertrag** ab, wenn Sie sich für ein Kätzchen entschieden haben. Dieser soll die behütete Zukunft des Jungtieres sichern. Der Züchter wird sich darin unter anderem häufig ein Vorkaufsrecht für das Junge zusichern lassen. Der Kaufvertrag enthält alle wichtigen Daten, eine Beschreibung

41

Zwischen ....(im folgenden „Verkäufer" genannt)
und ....(im folgenden „Käufer" genannt)

wird folgender

Kaufvertrag über eine Katze

geschlossen:

§1

1. Der Verkäufer verkauft dem Käufer hiermit seine in § 2 beschriebene Katze. Die Übergabe des Tieres erfolgt am ....
Von diesem Tag an gehen Gefahr, Lasten und Nutzen auf den Käufer über.
2. Der Kaufpreis beträgt...DM (in Worten DM).
Er wird wie folgt geleistet..

§2

1. Die verkaufte Katze wird wie folgt beschrieben:
   a) Name .... d) Geschlecht ....
   b) Rasse .... e) Farbe ....
   c) Geburtsdatum .... f) Zuchtbuch-Nr. ....
2) Die vorstehend angegebenen Rasse- und Farbmerkmale beziehen sich auf den Zeitpunkt der Übergabe des Tieres. Für wachstumsbedingte Veränderungen dieser Merkmale haftet der Verkäufer nicht. Der Käufer hat das Tier besichtigt. Er verzichtet auf jegliche Rüge äußerlich erkennbarer Mängel.

§3

1) Der Verkäufer versichert, dass die Katze zum Zeitpunkt der Übergabe
   a) Gesund und frei von ansteckenden Krankheiten ist,
   b) entwurmt und gegen Katzenseuche geimpft ist,
   c) nicht zum Wiederverkauf erworben ist,
   d) folgende weitere Impfungen erhalten hat:...
2) Der Verkäufer händigt dem Käufer am Tage der Übergabe der Katze folgende Papiere aus:
   a) Impfpass, aus dem die in Abs. 1 erwähnten Impfungen ersichtlich sind.
   b) Abstammungsnachweis bzw. Eintragungsbescheinigung des Katzenvereins, in dessen Zuchtbuch die verkaufte Katze geführt wird. Er versichert gleichzeitig, dass die verkaufte Katze mit dem aus den Papieren ersichtlichen Tier identisch ist.

§4

1) Der Käufer verpflichtet sich und seine Erben, das erworbene Tier
   a) nicht zu Versuchszwecken zu verwenden oder hierzu weiter zu veräußern
   b   nicht an Zoohandlungen oder berufsmäßige Tierverkaufsvermittler weiter zu veräußern,
   c) jede Weiterveräußerung dem Verkäufer anzuzeigen.
2) Für jeden Fall des §4 Abs. 1c behält sich der Verkäufer ein Wiederverkaufsrecht vor, nach dessen Ausübung des Wiederverkaufsrechts, höchstens aber den ursprünglichen Kaufpreis zurückzuerstatten. Der Verkäufer verpflichtet sich weiterhin, im Falle der Anzeige der Weiterveräußerung innerhalb von zwei Wochen zu erklären, ob er von seinem Wiederverkaufsrecht Gebrauch mache oder nicht.
3) Verletzt der Käufer eine der in §4 Abs. 1 und 2 eingegangenen Verpflichtung, so wird für jeden Fall der Zuwiderhandlung eine Vertragsstrafe von 1000,– DM fällig, die der Käufer an den Verkäufer zu zahlen hat.

§5

Besondere Vereinbarungen (z.B. Eigentumsvorbehalt, besondere Qualitäten der Katze usw.)
....
....
....

§6

Änderungen und Ergänzungen dieses Vertrages bedürfen der Schriftform

Ort und Datum.. Verkäufer.. Käufer..

des Kätzchens und, ganz wichtig, eine Auflistung aller mit dem Tier ausgehändigten Papiere: Impfpass, Stammbaum und eventuell ein tierärztliches Gesundheitszeugnis sowie Nachweise über durchgeführte Bluttests. Wenn zum Beispiel der Stammbaum aus irgendeinem Grund nachgereicht werden muss und Sie sich ihren Anspruch auf die Abstammungsurkunde nicht schriftlich haben bestätigen lassen, kann dieser später nicht mehr geltend gemacht werden.

Falls Sie Zweifel an der Gesundheit des Katzenbabys hegen, aber bereits unsterblich in das Kätzchen verliebt sind, dann lassen Sie sich vom Verkäufer vertraglich zusichern, dass er das Katzenkind innerhalb von 48 Stunden zurücknimmt, wenn ein Tierarzt Ihrer Wahl, dem Sie das neugekaufte Kätzchen selbstverständlich unverzüglich vorstellen müssen, eine Krankheit bei dem Tier feststellt. Spätere Reklamationen verlaufen sehr oft erfolglos oder können im schlimmsten Fall einen langen, nervenaufreibenden Rechtsstreit nach sich ziehen. Unter Umständen kommt noch der Schaden eines chronisch kranken Tierchens dazu, das ein Leben lang auf teure medizinische Behandlung und zeitaufwendige Fürsorge angewiesen ist.

◼ Manche Katzen geniessen es, an der Leine mit in den Garten oder Spazieren zu gehen. Für den Transport wird aber eine stabile Box benötigt.

Heimweg und der erste Tag

Fahren Sie nicht ab, bevor Sie ausgiebig mit dem Züchter über die Gewohnheiten des Kätzchens, besonders die Essgewohnheiten, gesprochen haben. Wenn das Kätzchen im richtigen Alter ist und aus guter Züchterhand kommt, dann ist es auch an die Katzentoilette gewöhnt.

TIPP Die Reise zu Ihnen nach Hause tritt das Katzenkind grundsätzlich in einem verschlossenen Transportbehälter an.

Der Transportbehälter muss zwar zugluftgeschützt, dennoch aber – besonders während der warmen Jahreszeit – gut belüftet sein, damit das Kätzchen keinen tödlichen Wärmestau erleidet. Auf Fahrten bis zu rund drei Stunden braucht das Tier nicht gefüttert und getränkt werden. Auf längeren Fahrten füttern und tränken Sie im geschlossenen Fahrzeug. So kann das Kätzchen auf keinen Fall in fremder Umgebung entlaufen.

Aufgeregte Katzenkinder müssen öfter mal, deshalb sollten Sie eine kleine Reisetoilette in den Transportbehälter stellen. Dazu eignet sich eine Fotoschale oder eine andere flache Schüssel, die Sie sich noch beim Züchter mit der vertrauten Streu füllen lassen. Für den Fall, dass

43

ein kleines Missgeschick passiert, packen Sie eine Rolle Küchentücher ein, dann kann es losgehen... Glücklich zu Hause angekommen, ist zuallererst einmal Ruhe angesagt. Das Kätzchen hat durch die Reise und die Trennung von der gewohnten Umgebung genug zu verarbeiten – deshalb bitte keine Nachbarn, keine Freunde und kein Empfangskommitee! Das neue Heim, das völlig fremd aussieht, fremd riecht, in dem fremde Menschen leben und die vielen unbekannten Geräusche sind genug für den Anfang.

Ziehen Sie sich also zurück und beobachten Sie, wie die kleine Samtpfote langsam auftaut und die Neugier über die Angst siegt, wenn sie die Umgebung zu erkunden beginnt. Haben Sie eine sehr große Wohnung, beschränken Sie das Kleine am Anfang auf einen engeren Bereich, beispielsweise ein einziges Zimmer. Lassen Sie es allmählich immer mehr Räume sehen. Junge Kätzchen finden manchmal „auf weiter Flur" oder vor Aufregung die Katzentoilette nicht gleich wieder, andere haben noch nie eine Treppe gesehen und müssen erst lernen, wozu sie gut ist. Wenn Sie noch andere Heimtiere haben, sollten Sie sie nicht gleich am Ankunftstag miteinander bekanntmachen. Dazu ist nach der Eingewöhnungsphase immer noch genügend Zeit.

■ Wenn Sie Ihr Katzenkind holen, ist es bereits an die Katzentoilette gewöhnt.

Zeigen Sie dem kleinen Neuling zuerst die Katzentoilette und den Wassernapf. Sonst braucht es jetzt nur Ruhe und Zeit.

Erziehung – das Geheimnis: Spiel und Belohnung

Es gibt immer noch Leute, die glauben, Katzen könne man nicht erziehen. Das ist nicht richtig. Man kann sie zwar niemals zwingen, aber man kann sie zu fast allem überreden, wenn man es richtig anfängt. Katzen lernen durch Zuschauen bei ihrer Mutter und den Wurfgeschwistern und sie haben ein sehr feines Gehör. Erziehung wird am erfolgreichsten im Spiel vermittelt und dadurch, dass Ihr Kätzchen einfache Wortkombinationen, die Sie benutzen, durch Wiederholung nach einiger Zeit mit

Dingen verbinden lernt, die es darf oder nicht darf. Während Sie sich mit Ihrem neuen Kurzhaarkätzchen täglich beschäftigen, beziehen Sie gewisse „Lernspiele" mit ein und benutzen entsprechende Rufe oder Wortkombinationen.

Kleine und große Kurzhaarkatzen haben keine Probleme mit dem Fell. Sie können es selbst pflegen. Dennoch ist **Fellpflege**, Bürsten oder Kämmen etwas, an das Sie Ihre Katze gewöhnen sollten. Meist wird sie es sowieso genießen. Es kann aber auch vorkommen, dass sie irgendwann Harz im Fell hat, weil es unter dem Weihnachtsbaum so interessant war oder sie wurde durch etwas anderes im Haushalt verunreinigt. Schon müssen Sie Ihrer Katze an den Pelz. Haben Sie sie nicht spielerisch daran gewöhnt, wird sie sich nun vielleicht wie ein kleiner Teufel verhalten. Damit eine solche Situation nicht erst aufkommen kann, gewöhnen Sie das Kätzchen beizeiten an Kamm und Bürste. Streicheln Sie es täglich fünf Minuten nicht mit der Hand, sondern mit einer Pflegebürste – im Gesicht, auf dem Rücken, auf dem Bauch. Halten Sie es spielerisch und nur leicht fest. Lassen Sie es ruhig mit der Bürste spielen, das ist „Streichelpflege-Bürstebeißen-Spielen". Werfen Sie täglich einen Blick ins Mäulchen Ihres Katzenkindes (beobachten Sie, wie die Milchzähne von den bleibenden Zähnen ersetzt werden) und schauen Sie auch in die Öhrchen. Gehört dies zu Ihrer „Spiel"-Routine, wird es die Katze auch beim Tierarzt nicht schlimm finden und Sie sehen sofort, wenn einmal etwas nicht in Ordnung sein sollte.

Es ist leicht, ein Kätzchen an seinen **Namen** zu gewöhnen. Am besten geht es mit kleinen Leckerbissen, die es immer dann gibt, wenn es auf Namenszuruf herbeigeeilt ist.

Verabreichen Sie Wurmpaste nicht gerade dann, wenn es „freudestrahlend" Ihrem Ruf gefolgt ist, sonst verbindet es dies mit schlechten Erfahrungen und wird sich in Zukunft davonmachen, wenn Sie es rufen. Selbstverständlich schlagen Sie Ihr Kätzchen niemals!

Kleine Katzen besitzen schon ein sehr gutes Körpergefühl und finden komplizierte Spiele besonders aufregend.

TIPP
Rufen Sie das Kätzchen **niemals** mit seinem Namen, wenn Sie etwas Unangenehmes mit ihm anstellen müssen.

Stubenreinheit

Normalerweise ist ein Katzenkind, wenn Sie es zu sich holen, längst stubenrein. Man darf aber nicht vergessen, dass es öfter zur Toilette muss als große Katzen. Der Magen ist noch klein, junge Kätzchen müssen öfter fressen als erwachsene Katzen und häufig sind sie so in Spiel oder Schlaf vertieft, dass der Weg zum Häuschen schon zu lang sein kann, wenn sie bemerken, dass es pressiert. Für ganz junge Kätzchen sollten immer mehrere Toiletten zur Verfügung stehen, strategisch verteilt und gut erreichbar. Mit zunehmendem Alter der Katze genügen dann zwei, denn sie mag gerne eine fürs große und eine fürs kleine Geschäft.

Sollte doch einmal ein Malheur auf den Polstern passiert sein, werden Sie niemals Ihr Kätzchen mit der Nase hineintunken! Erstens wird das Kätzchen den Zusammenhang nicht verstehen. Es würde unweigerlich scheu und ängstlich Ihnen und Ihrer Hand gegenüber, die ihm ein solch unangenehmes Erlebnis beschert. Zweitens lag der Fehler vielleicht gar nicht beim Katzenkind sondern bei Ihnen. War die Katzentoilette frei zugänglich? Wurde die Katze vom Durchfall überrascht? Hat sie sich furchtbar erschreckt und sich deshalb nicht auf die Toilette gewagt? Oder war die Toilette nicht frisch und sauber? Viele Katzen weigern sich zu Recht, ein Klo zu benutzen, das schmutzig ist.

■ „Ein bisschen groß, die Kiste, aber scharren kann man darin, dass die Streu nur so fliegt!"

Bei beginnender Geschlechtsreife spritzen manche heranwachsenden Kater Urin zur Duftmarkierung ihres Reviers. Mit der Kastration durch den Tierarzt wird dem in den allermeisten Fällen ein Ende gesetzt.

Für das Zusammenleben mehrerer Katzen gilt als Faustregel: je mehr von ihnen auf engem Raum gehalten werden, desto größer sind die Probleme mit der Unsauberkeit. Dann ist die Toleranzgrenze überschritten; einzelne Katzen werfen durch den Mangel an „Sicherheitszone" einfach ihre Toilettenmanieren über Bord. Oft zeigen sie ihrem Menschen so gezielt, was sie meinen, indem sie vor seinen Augen sie ihr Bächlein ins Spülbecken oder das Häufchen ins Bett oder den Lieblingssessel machen: „Schau her, ich bin unglücklich!"

Katzen lieben Geselligkeit, aber niemals im Übermaß. Zuviele Katzen in einer Wohnung sind ihnen ein Greuel.

> **TIPP**
> Wenn ehemals stubenreine Katzen **plötzlich unsauber** werden, kann das mehrere Ursachen haben. **Eifersucht** ist einer der häufigsten Gründe, es könnte aber auch ein gesundheitliches Problem dahinter stecken.

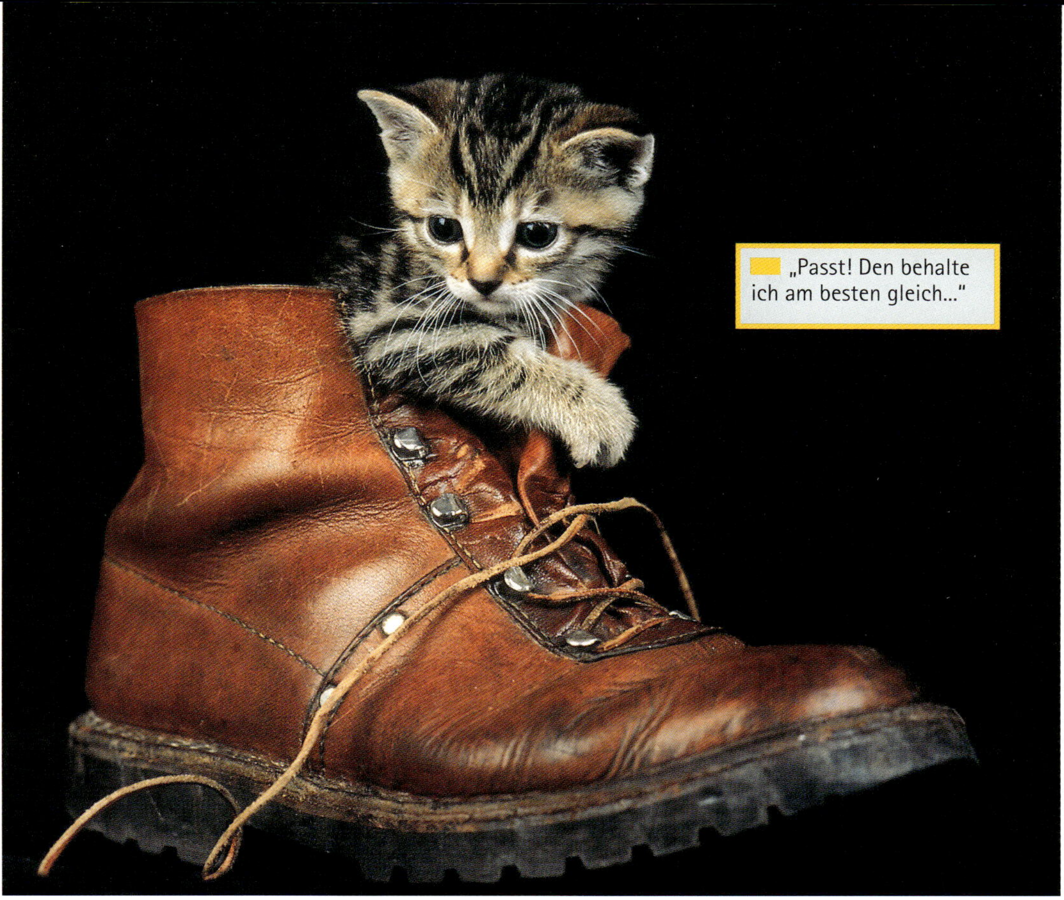

„Passt! Den behalte ich am besten gleich…"

Spielen, klettern und lernen, was verboten ist

In der ganzen Wohnung herumzuturnen – wenn es geht, auch an den Gardinen hoch – das ist das größte Vergnügen für junge Katzen. Sie üben Geschicklichkeit und Körperbeherrschung für die Jagd. Im Gegensatz zu Hunden haben sie schon ein sehr gutes Körpergefühl, sind gute Kletterer und auch immer gern auf „Ausguck", damit sie ihr „Jagdrevier" im Überblick behalten. Die dritte Dimension gehört bei der Katze zum Lebensraum. In unseren Wohnungen sind das Regale, Schränke, Fenstersimse oder große Kratz- und Kletterbäume – eben alles, was nur igendwie einen Weg nach oben ermöglicht. Wenn Sie das stört, dann ist die Katze nicht das richtige Haustier für Sie.

Es gibt in der Wohnung aber durchaus Plätze, die absolut tabu sind: Esstisch, Küchenanrichte und Herd. Dies müssen Sie Ihrer Katze konsequent beibringen. Einmal tabu ist immer tabu! Geht die Katze auf einen „unerlaubten" Platz, setzen Sie sie sofort auf den Boden und zischen dabei (ein Warnton in der Natur, auf den die Katze instinktiv reagiert).

Gardinen im Wind – wenn Sie nicht wollen, dass das Kätzchen daran schaukelt, dann hängen Sie sie ab, bis die Katze größer ist.

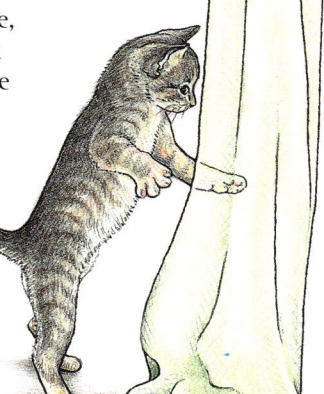

Wer könnte einem solchen Blick widerstehen...

Kratzt Ihr junges Tigerbaby an Stellen, an denen es dies nicht tun soll, halten Sie sacht seine Pfoten einen Moment lang fest, und bringen Sie es zu seinem Kratzbaum. Dort kratzen Sie selbst mit der Hand und ermutigen das Kätzchen, dasselbe zu tun. Währenddessen loben und streicheln Sie es. Das Kätzchen muss damit ein angenehmes Erlebnis verbinden, dann wird es sich merken, welcher Platz zum Kratzen erlaubt ist.

> **TIPP**
> Schreien Sie die Katze nie an, sie versteht den „Lärm" nicht. Damit erreichen Sie nur, dass sie scheu wird.

Katzen lernen durch Zusehen und Abschauen, und Sie selbst werden bald lernen, Ihrem Stubentiger vorzumachen, was Sie von ihm wollen. Beobachten Sie Ihre Katze gut, schauspielern Sie, aber vergessen Sie dabei nicht, dass mit Humor und Geduld mehr erreicht werden kann als ohne. Tun Sie so, als seien Sie selbst Katze! Dann ist es für die kleine Samtpfote überzeugend und erstrebenswert, es Ihnen nachzumachen. Die hohe Kunst der „Überredung" einer Katze besteht

50

darin, so geschickt in der Katzensprache und Katzenkörpersprache zu werden, dass Ihr Schmusetiger schließlich will, was Sie wollen. Deshalb: je mehr Sie selbst durch Beobachtung lernen, Ihre Katze zu verstehen, desto leichter werden Sie Ihr etwas beibringen können.

Ein Beispiel für Katzensprache kann man von Katzenmüttern lernen: wird ihnen das wilde Spiel des Babys mit ihrem Schwanz zuviel, das sie sonst mit erstaunlicher Geduld ertragen, schnauben sie das Baby ein-, zweimal an. Reicht das nicht aus, das aufmüpfige Kleine zu zügeln, dann hält die Katzenmama es mit dem Maul, ohne Druck, sehr sanft – mit unerschütterlicher Bestimmtheit – so lange an der Kehle fest, bis es sich beruhigt hat. Steckt unser junger Katzenfratz also seine Nase in Dinge, die ihn nichts angehen, versuchen Sie es einmal mit leichtem Anblasen oder Anschnauben nach Katzenart. Wundern Sie sich aber nicht, wenn Ihre Katze Sie erstaunt anschaut: „ Wie, du kannst das auch?"

Die ausgewachsene Kurzhaarkatze

Alle Kurzhaar-Katzenrassen wären von Natur aus in der Lage, völlig selbstständig in der freien Natur zu überleben. Viele unserer ganz normalen Hauskatzen tun es erfolgreich. Manche landen im Tierheim – andere fallen dem Verkehr zum Opfer. Wir wollen sie aber gerne als Hausgenossen um uns haben und sie dadurch vor den Risiken der Außenwelt bewahren. Gleichzeitig müssen wir ihnen trotzdem ein spannendes und gesundes Leben bieten.

Auf einem mit Netzen abgesicherten Balkon kann die Katze ohne Gefahr Luft und Sonne geniessen.

In der Wohnung

Im Gegensatz zu einem weit verbreiteten Vorurteil ist es gut möglich, eine Katze völlig ohne Freiauslauf nur in der Wohnung zu halten. Allerdings muss man die richtigen Bedingungen dafür schaffen. Das ist nicht schwer; alles, was Sie für ein interessantes Katzenleben innerhalb der Wohnung brauchen, ist im vorhergehenden Kapitel beschrieben.

Die robuste, kurzhaarige Wohnungskatze sollte unbedingt die Möglichkeit haben, zum Beispiel durch ein mit Netzen abgesichertes Fenster, besser noch einen Balkon oder ein abgeteiltes Gartenstück, Zugang

51

zu frischer Luft und Sonne zu erhalten. Alle Lebewesen brauchen das, um wirklich gesund zu bleiben. Vor allem alte Katzen lieben die wärmende Kraft der Sonne auf ihrem Pelz und ihren alten Knochen. Es ist erstaunlich, wie warm sie bei ihrem Sonnenbad werden, ohne dass es ihnen ungemütlich wird.

Dies ist dennoch ein Plädoyer für die Wohnungskatze: einigen wenigen Nachteilen steht eine Fülle von Vorteilen gegenüber.

Wohnungskatzen werden viel älter als Freigänger. Die sterben meist früh an Infektionskrankheiten, im Straßenverkehr, durch Vergiftungen mit Chemikalien oder Schädlingsvertilgungsmitteln. Jedes Jahr verschwinden nach wie vor Tausende freilaufender Hauskatzen auf unerklärliche Weise, werden gestohlen oder geraten in unfreiwillige Gefangenschaft in Kellern und Garagen, aus denen sie nicht nicht mehr entkommen können. Das Schlimme ist, dass man meist nie erfährt, was aus dem Tier geworden ist – für den Tierhalter eine traurige und belastende Sache. Durch Tätowierung oder einen Erkennungschip, der vom Tierarzt unter die Haut gepflanzt wird, können die Tiere wenigstens identifiziert werden und der Tierhalter erfährt unter Umständen vom Verbleib seines Lieblings.

Wichtig für Wohnungskatzen

- Kletterbaum und andere Klettermöglichkeiten
- Verschiedene Schlaf-und Ruheplätze
- Spielzeug und Phantasie beim Spiel mit der Katze
- Gesichertes Fenster oder mit Netzen gesicherter Balkon

Manche Katzen gewöhnen sich an ein Geschirr und können draußen spazierengeführt werden.

Dagegen führen Wohnungskatzen ein sicheres, behagliches Leben. Sie sind geschützt vor Diebstahl, Parasiten und den Infektionskrankheiten, die direkt von Tier zu Tier übertragen werden. Beachten Sie einige grundlegende Regeln, ist auch die Unfallgefahr in der Wohnung gering. Es gibt allerdings Gefahrenquellen im Haushalt, die man unbedingt kennen sollte:

- In **Kippfenster** eingeklemmte Katzen erleiden ein grausiges, qualvolles Ende. Solche Todesfallen kann man mit speziellen Schutzvorrichtungen, die es im Zoofachhandel zu kaufen gibt, verhindern.
- Der **ungesicherte Balkon**: Jedes Jahr stürzen besonders im Sommer,

wenn die Mücken tanzen, viele Katzen in die Tiefe und ziehen sich schwerste oder tödliche Verletzungen zu. Weniger als fünf Minuten auf dem ungesicherten Balkongeländer, eine einzige tanzende Motte – und die neugierige Samtpfote riskiert ihr Leben. Auch hier gibt es fast unsichtbare, leicht zu montierende Netze, die Ihrer Katze einen sicheren Platz an der frischen Luft garantieren.

- **Vergiftungsgefahr** besteht bei einigen Zimmerpflanzen (siehe Kasten). Achten Sie darauf, wenn Ihre Mieze Zugang zu Räumen mit Pflanzen hat. Meist gehen Katzen nicht an Pflanzen, die für sie

TIPP

Ein Fall für den Tierarzt!
Warten Sie nicht, wenn Sie beobachtet haben, dass Ihr neugieriges, spielwütiges Katzenkind unbekannte, gefärbte oder bekannte, giftige Pflanzenteile geschluckt hat. Fahren Sie sofort zum Tierarzt. Nehmen Sie die Pflanzenteile nach Möglichkeit mit.

Giftige Zimmerpflanzen	„katzenfreundliche" Pflanzen
Oleander	Gras
Dieffenbachia	Grünlilie
Philodendron	Schnittlauch
Flieder	Katzenminze
Aralie	Baldrian

gefährlich sind – eine Ausnahme sind aber hübsche, exotische Blumensträuße. Sie verführen zum Spielen, Gräslein werden aus den knisternden Gebilden gezupft und oft sind in den floristischen Werken eingefärbte oder giftige Pflanzenteile mit verwendet worden.

Chemikalien, Medikamente, Reinigungsmittel, Farben und Lösungsmittel müssen für Katzen unzugänglich aufbewahrt werden. Falscher Flohpuder oder Aspirin aus der Hausapotheke können eine Katze umbringen. Deshalb darf auch **Medikamenteneingabe** niemals ohne tierärztliche Anweisung erfolgen.

- **Aus Versehen eingesperrt** zu werden kommt bei unseren neugierigen Stubentigern öfter vor als man denkt. Dunkle Nischen, Kästen, Schubladen, Schränke, Trockner, Wasch- und Spülmaschine ziehen auch erwachsene Katzen magisch an. Achten Sie also immer ganz bewusst darauf, daß Sie Ihre Katze nicht versehentlich einsperren, einklemmen oder gar in der Waschmaschine oder im noch warmen Trockner vergessen!

Einige giftige Pflanzen:
1) Philodendron,
2) Weihnachtsstern,
3) Kaladie, 4) Kirschlorbeer, 5) Dieffenbachia.

■ Katzen lieben es, draußen im Gras zu spielen oder ein Sonnenbad zu nehmen.

- **Verbrennungen und Verbrühungen** bei Katze und Mensch passieren leicht, wenn es in der Küche hektisch zugeht. Besonders junge Stubentiger klettern gern an den Hosenbeinen hoch. Manche Katze hat sich schon den Schwanz abgeflammt, wenn sie am Herd den Gasflammen zu nahe kam. Wenn Sie mit heißen Töpfen voll verführerisch duftenden Speisen hantieren, verbannen Sie die Katze solange aus der Küche. Das ist für alle Beteiligten gefährlich und schließlich wollen Sie nicht Paulinchens Schicksal aus dem Struwwelpeter erleiden.
- Die **volle Badewanne** mit nassem Rand kann Katzen zu einem unfreiwilligen Bad verhelfen. Wenn der Rand rutschig und das Wasser heiß ist, dann schafft es Mieze in ihrer Angst vielleicht nicht allein aus der Wanne. Ein gelegentliches Bad hat zwar kaum je einer Katze geschadet, für Thermalschwimmen ist sie aber nicht geschaffen. Lassen Sie die Badezimmertür bei gefüllter Wanne lieber geschlossen.

Freiheit im sicheren Garten

Fenster kann man leicht mit einem Netz katzensicher machen.

Wenn Sie können, sollten Sie Ihrer Katze im Garten oder auf der Terrasse ein eigenes kleines Reich zugestehen. Terrassen kann man mit Netzen katzensicher machen. Leute, die handwerklich geschickt sind, können selbst aus Holz und Drahtgittern einen Auslauf bauen. Es gibt auch teure, volierenartige Freigehege zu kaufen. Ideal ist es, wenn eine solche Voliere Anschluss ans Haus hat, so dass unser frischluftsuchender Tiger über ein Fenster oder eine Katzenklappe zwischen drinnen und draußen frei wählen kann.

Wer sehr ländlich oder in absolut ruhiger Lage wohnt, kann es vielleicht riskieren, seine Katze frei draußen laufen zu lassen, nicht allerdings ohne sich bewusst zu sein, welches große Risiko dies mit sich bringt. Man muss seine Katze regelmäßig auf Parasiten untersuchen, bei Mäusefängern auch ganz regelmäßig entwurmen, besonders gegen Bandwürmer. Ganz besonders ist bei freilaufenden Katzen darauf zu achten, dass die Tollwutimpfung konsequent jedes Jahr aufgefrischt wird. Der Tierarzt ist Ihr wichtigster Ansprechpartner. Er wird Ihnen sagen, was Sie vorbeugend tun können, und er wird Ihr Tier behandeln, sollte dies nach einem Ausflug nötig sein.

Bringt Ihnen Ihr freiheitsliebender Brite oder Europäer Mäuse nach Hause – jede Katze, die etwas auf sich hält, tut das – so ist das, auch

55

Gleich alt aber nicht gleich weit: klar, wer jetzt hier der Chef ist. Später kann sich das Blatt wenden.

56

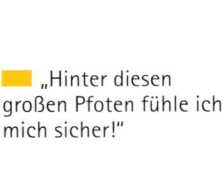

„Hinter diesen großen Pfoten fühle ich mich sicher!"

wenn Sie es noch so widerlich finden, das größte Geschenk und Kompliment, das Ihnen Ihre Katze machen kann. Sie versteht die Welt nicht mehr, wenn Sie sie dafür schelten. Bedanken Sie sich, loben Sie Ihr Prachtstück, und lassen Sie die Maus verschwinden, wenn´s die Katze nicht merkt, weil sie entweder in Ihrem Bett zusammengerollt kuschelt oder wieder Mäusenachschub holt.

Mit anderen Haustieren?

Katzen mit anderen Haustieren in Gesellschaft zu halten ist meist kein Problem. Gut ist immer, wenn die Tiere möglichst in sehr jungem Alter miteinander bekannt gemacht wurden. Manche solcher Heimtier-"Beziehungskisten" sind richtig innig, andere beruhen eher auf gegenseitiger Duldung, und wieder andere – vergleichsweise wenige – funktionieren nie.

- Die Beziehung **Katze-Hund** geht meist wunderbar. Am besten gewöhnt man beide als Jungtiere aneinander. Ein ruhiger Hund, der keine schlechten Erfahrungen mit Katzen gemacht hat, wird auch später noch lernen, Katzen als Sozialpartner zu akzeptieren. Umgekehrt kann sich eine erwachsene Katze gut an einen neuen Hund anpassen, wenn dieser jung oder bereits an Katzen gewöhnt ist.
- **Kaninchen und Katzen** haben nicht viel gemeinsam, können aber ebenfalls in ganz jungem Alter aneinander gewöhnt werden. Manche Zwergkaninchen haben die Eigenart, Katzen geradezu zu hassen

58

und auf sie loszugehen. Größere Kaninchenrassen sind meist ruhiger und besser auf Katzen zu sprechen.

- **Kleinere Nager und Vögel** passen in das Beuteschema unserer Stubentiger. Hier gilt: hat das Kleintier den Käfig verlassen, verwandelt es sich vom geduldeten Hausgenossen sofort in „jagbares Wild". Hamster, Meerschweinchen, Vögel und dergleichen, auch **Fische,** wenn sie mit der Pfote im Wasser zu erreichen sind, sollten deshalb dem Zugriff von Katzen durch sichere Unterbringung entzogen werden. Kleinere Nager müssen in aus- und einbruchsicheren, stabilen Behältern gehalten werden, Aquarien sollten immer abgedeckt sein.

> **TIPP**
> Lassen Sie Ihr junges Kätzchen nie mit einem anderen Haustier unbeaufsichtigt, solange die beiden sich noch nicht gut kennen. Gewöhnen Sie sie Schritt für Schritt aneinander.

- Vögel leiden meist schon durch die pure Anwesenheit einer Katze so unter Stress, dass sie ernsthaften Schaden nehmen können. **Größere Vögel** wie Papageien können dagegen recht wehrhaft sein und leichtsinnige Jungkätzchen verletzen. Von Ausnahmen abgesehen hat es sich bewährt, den Wohnbereich von Katzen und Vögeln strikt zu trennen.
- Der **beste Spielkamerad** für eine Katze ist immer noch eine Katze. Ideal sind Wurfgeschwister oder etwa gleich alte Kätzchen, die man miteinander bei sich aufnimmt. Auch später kann eine Katze jederzeit an Katzengesellschaft gewöhnt werden. Das Geschlecht spielt dabei keine Rolle, auch zwei oder mehrere kastrierte Kater kommen gut miteinander aus.

Die Ratte ist dem Katzenkind nicht ganz geheuer.

59

Reisen und Urlaub – mit und ohne Katze

Planen Sie rechtzeitig, wie Ihre Katze dann versorgt werden soll, wenn Sie, was immer einmal vorkommen kann, für kürzer oder länger verreisen müssen.

Mieze bleibt daheim

Wenn Sie nur wenige Tage weg sind oder eine zuverlässige Betreuung für Ihr Tier haben, dann ist es am besten, sie bleibt in ihren vertrauten vier Wänden. Für die Katze ist dies die stressärmste Lösung.

Wohlversorgt zu Hause

Mindestens einmal am Tag sollte der Betreuer zu Ihrer Katze kommen und alle Versorgungsmaßnahmen durchführen, die nötig sind: Füttern, Trinkwasser frisch auffüllen, Katzentoilette reinigen. Das allein genügt aber nicht. Genauso wichtig ist, dass er mit Ihrer Katze spricht, sie streichelt und mit ihr spielt. Er sollte sich eine gewisse Zeit mit ihr beschäftigen, gleich, ob er nebenbei noch die Blumen gießt, die Post aus dem Kasten nimmt oder eine Weile Zeitung liest.

TIPP Haben Sie keine Freunde, Bekannten oder Nachbarn, die sich bereit erklären, die Katze zu versorgen, kann man den Stubentiger durch örtliche Catsitter-Clubs oder Privatpersonen versorgen lassen. Über das Tierheim, Tierärzte oder gelegentlich über Anzeigen in der Zeitung finden Sie Kontakt zu Menschen, die die Urlaubspflege von Haustieren übernehmen.

Tierpension oder private Pflegestelle

Wird sich Ihre Abwesenheit auf einen längeren Zeitraum erstrecken, dann gibt es die Möglichkeit, die Katze in eine Katzenpension oder an eine private Pflegestelle zu geben. Dies ist eine Lösung, bei der jedoch Vorsicht angesagt ist. Bemühen Sie sich früh um einen solchen Platz und schauen Sie sich verschiedene Einrichtungen und private Pflegestellen genau an. Machen Sie sich selbst ein Bild davon, wie die Tiere gehalten und versorgt werden. Es gibt gute Katzenpensionen, bei denen die Tiere fachgerecht und hygienisch untergebracht sind. Ein schwer kalkulierbares Risiko bleibt aber immer: der

immense Stress für das Tier, das sich in völlig fremder Umgebung ohne Sie als Bezugsperson zurechtfinden muss. Dazu kommt ein erhöhtes Infektionsrisiko. An Orten mit ständigem Wechsel von Pflegetieren sind zwangsläufig auch ansteckende Viruskrankheiten nie ganz auszuschließen. Geben Sie Ihre Katze niemals an einen Platz, wo sie mit anderen, fremden Katzen in einem Quartier gehalten wird. Die einzige Ausnahme ist, wenn alle Katzen aus einem einzigen Haushalt zusammen in Pflege sind.

Als Urlaubsplatz ist das Tierheim nicht geeignet. Gerade hier werden viele Katzen aufgenommen, die einen völlig unbekannten Impf- und Infektionsstatus haben. Auch die Fluktuation an Tieren kann sehr groß sein, besonders während der Ferienzeiten, wenn viele ausgesetzte Tiere untergebracht werden müssen.

Manche Tierärzte bieten einen Urlaubsservice an. Das ist eine echte Alternative, wenn der Tierarzt eigene, von der Praxis getrennte Räumlichkeiten für Pensionskatzen unterhält.

■ Für eine reiseerfahrene Katze bedeutet es weniger Stress, wenn sie mit ihren Menschen in Urlaub darf.

Samtpfote reist mit

Manche Katzen gewöhnen sich regelrecht daran, im Auto und sogar im Wohnwagen immer mit dabei zu sein. Viele Hotels, Pensionen und Vermieter von Ferienwohnungen erlauben, dass man seine Haustiere mitbringt. Es gibt inzwischen Reiseunternehmer, die sich auf tierfreundliche Urlaubsquartiere spezialisiert haben und spezielle Pauschalangebote mit Zug, Flug oder gar Schiffsreisen anbieten. Im Flugzeug dürfen Tiere bis fünf Kilogramm bei den meisten Linien mit in die Kabine, während sehr große Katzen oder Katzengruppen im klimatisierten, druckausgeglichenen Frachtraum untergebracht werden. Im Zug fährt die Katze gratis mit, sofern sie in einem geschlossenen Transportbehälter reist.

Reisevorbereitungen

In jedem Fall müssen Sie sich früh genug mit der Vorbereitung und Organisation der Reise beschäftigen. Besorgen Sie sich so viel Information wie möglich, damit Stress-Situationen für Mensch und Tier nach Möglichkeit vermieden werden. Folgende Checkliste kann Ihnen bei der Urlaubsplanung helfen.

Checkliste für den Urlaub mit Katze
- Sie brauchen einen **stabilen Transportbehälter**: Er muss groß, schlagfest und gut belüftet sein. Die Luftöffnungen sollten aber so klein sein, dass die Katze nicht mit den Pfoten durchkommt und sich verletzen könnte. Die Box muss absolut sicher zu verschließen sein. Denken Sie an Kälte und Hitze. Wenn es kalt ist, können Sie mit einer Wärmflasche für eine gemütliche Umgebungstemperatur sorgen. Ist es sehr heiß, müssen Sie darauf achten, dass für die lebenswichtige Ventilation gesorgt ist, sonst kann das Tier schnell an einem Hitzschlag sterben. Für Transporte im Frachtraum von

Ein ausbruchsicherer Katzenkorb und das Impfbuch sind neben dem gewohnten Futter die wichtigsten Reiseutensilien.

63

> ### Ein paar Hotelregeln
>
> Informieren Sie die Rezeption von der Anwesenheit ihres Stubentigers. Das Personal in den Hotels ist Katzen meist sehr zugetan. Damit Sie weiterhin gern gesehene Gäste bleiben, denken Sie daran:
>
> - Rollige Katzendamen und spritzende Kater sind eine Zumutung und nur im geschlossenen Badezimmer erträglich.
> - Futterschalen und Katzentoiletten stellt man auf Fliesenboden oder auf Zeitungspapier, am besten im Badezimmer.
> - Informieren Sie das Personal, damit ihre Katze nicht unversehens entwischt, während der Zimmerservice tätig ist. Sonst kann es auch passieren, dass das Stubenmädchen glaubt, eine der vielen Küchenkatzen der Gegend habe sich in Ihr Zimmer verirrt und sie müsse das neugierige Tier wieder „fortjagen".

An fast jedem Urlaubsort gibt es einheimische Katzen, deshalb ist vollständiger Impfschutz besonders bei Reisen wichtig.

Flugzeugen gelten strenge Vorschriften zur Ausstattung des Reisekäfigs, über die die Fluggesellschaft informiert.

- **Impfpass:** Selbstverständlich sollten nur gesunde, geimpfte Katzen eine Reise antreten. Je nach Ziel sind bei Auslandsreisen verschiedene Impfungen (Tollwut) und manchmal auch amtliche Gesundheitszeugnisse vorgeschrieben. Holen Sie rechtzeitig vor der Reise bei den Automobilclubs oder bei Ihrem Tierarzt Auskunft ein, damit Sie die Fristen einhalten können, die für Impfungen oder den Zeitpunkt der Ausstellung des Gesundheitsattestes gelten. Die entsprechenden Papiere müssen Sie dann bei der Einreise an der Grenze vorlegen.
- **Katzentoilette und Streu:** Normalerweise werden Sie auf Reisen nicht den komfortablen Toilettenpalast von zu Hause mitnehmen können. Bringen Sie Ihrer Majestät Katze schon vor der Reise bei, eine kleine Reisetoilette zu benutzen, dann stehen Sie nicht später vor dem Problem, dass sie nun für einige Zeit ein eher bescheidenes Schälchen benutzen muss und dies nicht zuverlässig tut. Ebenso sieht es mit der Streu aus. Tonstreu ist schwer und umständlich zu transportieren, Holzstreu eignet sich besser auf Reisen. Das funktioniert aber auch nur, wenn die Samtpfote diese Streu bereits kennt und sie akzeptiert hat – ein wichtiger Punkt, der ebenfalls zu den längerfristigen Vorbereitungen des gemeinsamen Urlaubs gehört.

- **Futter**: Nehmen Sie das gewohnte Futter Ihrer Katze mit und planen Sie die Menge großzügig für den Zeitraum der Reise. Vergessen Sie das Fressgeschirr nicht. Ein paar Flaschen stilles Mineralwasser, falls die Wasserqualität im Urlaubsland nicht so gut sein sollte, verkleinert das Risiko, dass die Mieze unterwegs Durchfall bekommt.

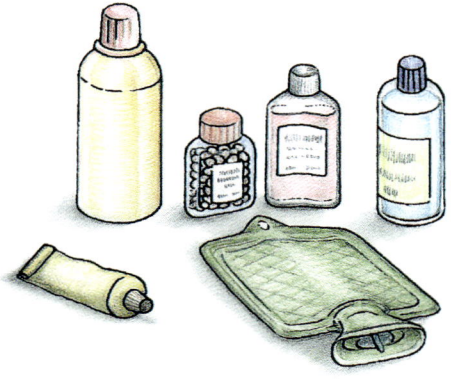

■ Eine Wärmflasche und eine kleine Notapotheke gehören unbedingt ins Reisegepäck.

- **Wärmflasche und Notfallapotheke**: Eine Wärmflasche und ein paar Arzneien für die häufigsten Wehwehchen sollten unbedingt zum Reisegepäck gehören. Durchfallpulver, Ungezieferspray, Desinfektionsmittel, Augentropfen und Wundsalbe, ein Breitbandantibiotikum und was sonst noch nötig sein könnte – Ihr Tierarzt wird es Ihnen gerne zusammenstellen.
- **Vertraute Katzenutensilien** wie Schmusedecke und Kuschelkörbchen, einige Spielsachen, ein kleines Kratzbrett, die Lieblingsdinge Ihrer Katze also, sollten Sie auf jeden Fall auch mit einpacken.

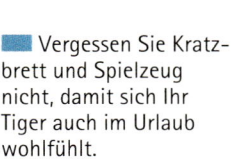

■ Vergessen Sie Kratzbrett und Spielzeug nicht, damit sich Ihr Tiger auch im Urlaub wohlfühlt.

65

Ernährung
und Gesundheit

Richtige Ernährung hält die Katze gesund. Was die optimale Ernährung für unsere Katzen, die in Wohnungen leben und nicht mehr auf
die Jagd gehen können? Es gibt Fertigfutter in riesiger Auswahl. Wer
aber sein Futter selbst zubereiten will, kann dies tun, wenn er auf die
richtige Zusammensetzung achtet.

Katzen fressen Beutetiere

Unsere Katzen sind von Natur aus Raubtiere. Sie fressen ihre Beute
vollständig – mit Haut und Haaren, Federn und Mageninhalt. Auch
freilaufende Hauskatzen, die von Menschen gelegentlich oder regelmäßig gefüttert werden, erlegen einen Teil ihrer Nahrung auf der Mäu-
sejagd selbst.

Eine optimale Ernährung der Katze bedeutet, in der Zusammensetzung des Futters dem Beutetier möglichst nahezukommen. Alle
Nährstoffe sollten in einem ausgewogenen Verhältnis bedarfs-
gerecht darin enthalten sein.

Die einfachste Art ist die Fütterung mit qualitativ hochwertigem Fertigfutter, sogenanntem **Premiumfutter**,
welches heutzutage sogar speziell zugeschnitten für
die individuellen Bedürfnisse der Samtpfoten
erhältlich ist. Es gibt Fertigfutter für die **Träch-
tigkeit und Säugezeit**, für die **Aufzucht** junger
Katzen, für den normalen Ernährungsbedarf durch-
schnittlicher, **erwachsener Katzen**, kalorienreduzier-
te Kost für **übergewichtige Tiere** und Seniorenfutter.
Spezielle **Diätfutter** für kranke Katzen sind über den Tierarzt erhältlich. Alle diese Vollnahrungen gibt es als Nass- und Trockenfutter.

Wer will, kann das Futter für seine Katze auch selbst zubereiten. Um
Defizite oder ebenso eine schädliche Überversorgung mit einzelnen
Nährstoffen zu vermeiden, die entstehen können, wenn die Zusammensetzung von selbstgemachtem Futter nicht stimmt, sollten sich
Interessierte Bücher mit speziellen Kochrezepten besorgen. Die Rezepte
sind so berechnet, dass die Zusammensetzung optimal auf den Bedarf
der Katze abgestimmt ist. Wenn man sich genau danach richtet, ist es

sogar sehr empfehlenswert, regelmäßig als Ergänzung oder Abwechslung, frisches, selbst zubereitetes Futter zu geben. Denn dann wissen Sie genau, was Sie Ihrer Katze geben.

Nährmittel für Katzen im Überblick

- **Nassfutter**: Nassfutter in Dosen ist bei Katzen sehr beliebt. Entscheiden Sie sich jedoch stets für Produkte ohne Malz und Sojaanreicherung und ohne Farb-, Konservierungs- und Lockstoffe. Durchfall und sogar Allergien werden häufig durch diese Stoffe verursacht.

Nass- und Trockenfutter für Katzen sind in großer Auswahl erhältlich.

- **Trockenfutter**: Eine ausschließliche Ernährung mit hochwertigem Trockenfutter von hoher Verdaulichkeit ist möglich, aber nur, wenn das Tier dabei ausreichend Flüssigkeit aufnimmt. Wählen Sie stets ein Trockenfutter, welches so ausgewogen ist, dass nicht mit einer erhöhten Gefahr für die Bildung von Harngries zu rechnen ist. Bei guten Marken wird darauf hingewiesen, dass die Zusammensetzung die Bildung von Harngries nicht unterstützt. Fragen Sie Ihren Tierarzt, welche Marke er empfehlen würde. Gute Qualität ist deutlich teurer, diese Marken sind aber durch hohe Verdaulichkeit sehr sparsam im Verbrauch. Trockenfutter hat noch einen nützlichen Nebeneffekt: durch die harte Konsistenz werden Zähne und Kaumuskulatur beansprucht und gesund erhalten. Ein Stück rohes Fleisch – **nicht klein geschnitten,** ein Stück vom Ochsenschwanz oder Rindergulasch reinigt die Zähne ebenfalls auf ganz natürliche Weise. Die Katze muss daran mit ihrem Gebiss arbeiten, es bleiben keine Reste in der Maulhöhle zurück, wie etwa bei weichem Fertigfutter.

Spezielle Katzen-
milch enthält weniger
Milchzucker und ist gut
geeignet für unsere
Leckermäuler.

Auch hat das rohe Fleisch die Form und Festig-
keit, mit der ein Katzengebiss von Natur aus umgehen kann.
- **Halbtrockenes Futter**: Halbtrockenes Futter setzt
sich in der Katzenernährung bei uns langsam
durch. Auch hier gilt: darauf achten, dass keine
Farb- und Zusatzstoffe enthalten sind.
- **Milch und Milchprodukte**: Frische Milch eignet
sich nicht für Katzen. Der darin enthaltene Milchzucker (Laktose) kann bei erwachsenen Katzen
Durchfall verursachen. Spezielle Katzenmilch ist

Wenn Sie mit einer bestimmten Futter-
sorte gute Erfahrungen gemacht haben
– ihre Katze verträgt das Futter gut,
trinkt genug, frisst es gern, der Kot ist
in Ordnung und hat keinen untypischen
Geruch und vor allem, sie ist fit wie ein
Turnschuh und hat super glänzendes
Fell – dann haben Sie das richtige
Trockenfutter gefunden.

laktosereduziert und gut verträglich, sollte aber als zusätzliches
Nahrungsmittel und nicht als Durstlöscher gewertet werden. Katzenkinder profitieren sehr von einem täglichen Zusatz an Katzenmilch. Erwachsene, insbesondere kastrierte Tiere ohne körperliche
Belastung, könnten jedoch schnell ein wenig zu dick werden. Fer-
mentierte Milchprodukte wie Joghurt, Hüttenkäse und Quark sind
für Katzen sehr gut verträglich und gesund. Sie liefern leicht ver-
dauliches Eiweiß und Calcium für gesunde Knochen und Zähne.
- **Selbstzubereitetes Futter**: Hausmannskost sollte für unser kleines
Raubtier zu drei Viertel aus Fleisch, Fisch, Geflügel oder Eiern

69

bestehen. Ein Viertel wird von aufgeschlossenen Kohlenhydraten in Form von vorgekochtem Reis, Haferschleim, Maisgrieß und anderen Getreiden zugesetzt.

Das Fleisch sollte für den menschlichen Verzehr geeignet sein. Rohes Schweinefleisch und rohes, gemischtes Hackfleisch kann ein tödliches Virus (Aujetzkysche Krankheit) auf die Katzen übertragen. Wenn Schweinefleisch gefüttert wird, muss dies immer vollständig gar sein. Für Katzen gut geeignetes Fleisch ist Rind, Lamm, Pferd, Kaninchen und Wild. Ist es frisch und tadellos, kann es bedenkenlos roh gefüttert werden. Das ist von großem Nutzen für das Immunsystem der Katze, deren ursprüngliches Futter das rohe Beutetier ist. Schweinfleisch, Geflügel und Fisch darf jedoch nur abgekocht verfüttert werden, damit eine Übertragung von Parasiten und anderen Keimen ausgeschlossen werden kann.

> **TIPP**
> Knochen und Gräten sollten gründlich entfernt werden, bevor das Futter zubereitet wird, weil sie schwere Verletzungen im Verdauungstrakt der Tiere zur Folge haben können.

Selbst zubereitetes Futter sollte mit einem Multivitamin- und Mineralpräparat angereichert werden, allerdings nach genauer Dosierung. Auch dazu geben die entsprechenden „Katzenkochbücher" oder der Tierarzt Auskunft.

- **Nahrungsergänzungen:** Leckereien wie Vitaminhefeflocken, Trockenfisch oder Knabberkrusten sind zwischendurch und als Belohnungshäppchen für Katzen geeignet. Halten Sie sich aber bitte an die Dosierungsempfehlungen der Hersteller. Für Menschen gedachte Süßigkeiten sind ungesund, schädigen Gebiss und Stoffwechsel und können Stoffe enthalten, die für Katzen giftig sind.
- **Wasser:** <u>Das Getränk</u> für die Katze. Es muss immer frisches Wasser bereitstehen – besonders, wenn Sie das Tier ausschließlich mit Trockenfutter ernähren. Das Wasser muss täglich frisch in einer sauberen Schüssel hergerichtet werden.

Gelegentlich muss jede Katze Gras knabbern können.

- **Katzengras:** Die Katze braucht Gras zur Reinigung des Verdauungstraktes von Haaren, die sie zwangsläufig bei der Fellpflege abschluckt. Alle Katzen müssen regelmäßig ein wenig Gras knabbern können. Gras- oder Getreidesaatmischungen zum Selberaussäen oder fertige Schalen mit verschiedenen Grasarten können Sie unter der Bezeichnung „Katzengras", im Zoofachhandel und inzwischen sogar schon in manchen Supermärkten kaufen. Manche Katzen nagen gerne am Schittlauch, Basilikum oder Dill. Diese Kräuter kann sind in kleinen Töpfchen für den Frischverbrauch in der Küche erhältlich – natürlich ungespritzt!

Wie oft und wie viel Futter?

Junge Katzen bis zu neun Monaten sollten entweder stets Zugang zum Futter haben oder vier- bis fünfmal am Tag Futter angeboten bekommen. Das gleiche gilt für kranke und alte Katzen. Trockenfutter kann immer stehen bleiben. Nassfutter muss zweimal am Tag frisch bereitgestellt werden, geben Sie also nur so viel, dass alles gefressen wird. In der warmen Jahreszeit kann das

Im Gegensatz zu manchen Hunden überfressen sich Katzen nicht. Trotzdem können beispielsweise kastrierte Tiere, die etwas faul geworden sind, dicker werden.

Katzenkinder brauchen mehrere Mahlzeiten am Tag.

Futter sauer werden oder Fliegen anlocken und wird dann unverträglich für unseren Stubentiger.

Sollte Ihre Katze zu dick sein, kann der Tierarzt kalorienreduziertes Futter empfehlen. Generell tut es allen Katzen gut, gelegentlich für einige Stunden kein Futter zu sehen oder zu riechen; die nächste Mahlzeit wird mit um so größerer Vorfreude und Appetit erwartet! Die Katzen verlieren auf diese Weise auch die Freude am Fressen nicht so schnell oder werden wählerisch mit dem Futter – eine Eigenheit der Samtpfoten, die schon manchen Besitzer fast zur Verzweiflung gebracht hat!

Bei der Futtermenge richten Sie sich nach den Angaben des Herstellers. Beachten Sie aber bitte außerdem die Kondition Ihrer Katze. Bei einer gesunden Katze sollte man die Rippen unter leichtem Druck mit den Fingern spüren können. Sie dürfen nicht hervorstehen, das Tier darf keinesfalls mager und knochig sein. Es sollte etwas auf den Rippen haben, das ist weniger ungesund als zu mager. Aber es sollte auch auf keinen Fall zu dick sein, denn dies ist auf lange Sicht schlechter für die Gesundheit. Damit Ihre Katze in Form bleibt, passen Sie die Futtermenge an oder steigen je nach Bedarf auf ein gehaltvolleres oder weniger gehaltvolles Futter um.

> Magert Ihre Katze spontan ab, sollten Sie auf jeden Fall einen Tierarzt aufsuchen.

Setzt die Katze große Mengen von übelriechendem, breiigen Kot ab oder leidet unter Blähungen, kann eventuell das Futter schuld sein. Dann müssen Sie nach einem verträglicheren Futter für Ihre Katze suchen. Auswahl an guten Futtersorten und Schonkost gibt es im Fachhandel genug; oft hilft es auch schon, wenn man mit selbst zubereiteter Hausmannskost ergänzt.

Gesundheit

Kurzhaarkatzen sind widerstandsfähig und können bei guter Gesundheitsvorsorge und artgerechter Haltung recht betagt werden. Sie erreichen ein Durchschnittsalter von fünfzehn Jahren, einzelne werden sogar fast zwanzig, aber das ist eher die Ausnahme.

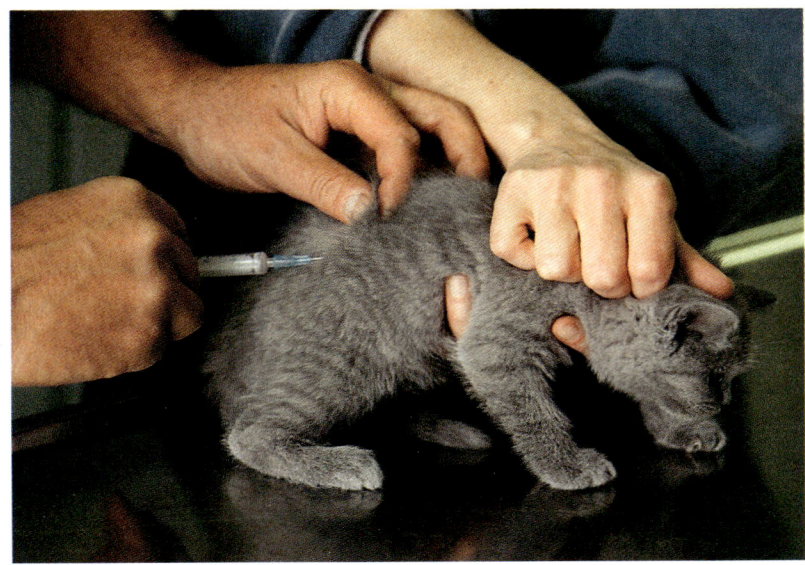

Der Tierarzt – Ihr wichtigster Partner!

Katzen werden mit den Jahren ruhiger, aber sie werden nicht schleichend grau wie Hunde. Sie behalten ihre Beweglichkeit und Aufmerksamkeit und können sehr lange auch noch richtig verspielt sein. Die sehr alte Katze ist dankbar für etwas Hilfe bei der Fellpflege, außerdem sucht sie die Wärme noch mehr, als es eine Katze sowieso immer tut. Hat sie nur noch wenige oder keine Zähne mehr, zerkleinert man ihr das Futter oder bietet ganz weiche Nahrung an. Der wirkliche Alterungsprozess geht relativ schnell, die alte Freundin kann sehr krankheitsanfällig oder schwer krank werden. Nun liegt es in Ihrer Verantwortung, sie nicht unnötig leiden zu lassen.

> Es ist sehr schmerzvoll, wenn klar wird, dass man sich von seinem Lebensgefährten Tier verabschieden muss. Helfen Sie Ihrem todkranken Liebling, indem Sie ihn vom Tierarzt dann schmerzfrei und sanft einschläfern lassen.

Erfreulicherweise zählen die Kurzhaarkatzen zu den recht robusten Rassen und es ist gut möglich, dass Ihr Kätzchen den Tierarzt nur zur Impfung, Wurmkur und Gebisspflege besuchen muss. Achten Sie jedoch darauf, dass die Katze nicht zu dick wird.

Für Züchter ist wichtig zu wissen, dass bei einer zukünftigen Zuchtkatze ein paar Dinge vorher abgeklärt werden sollten. In ganz seltenen Fällen kann bei den Kurzhaarkatzen eine schwere Form der Bluterkrankheit (Hämophilie) vorkommen, die erblich ist. Mit Tieren aus betroffenen Linien soll nicht gezüchtet werden.

73

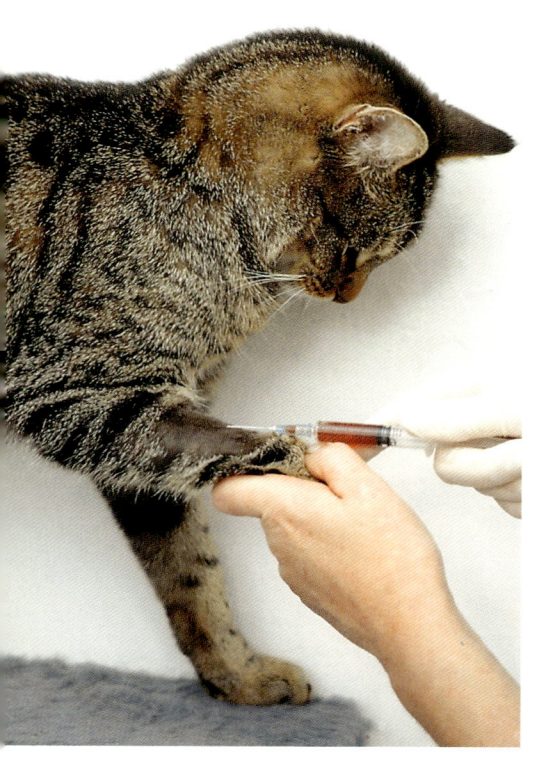

Es gibt außerdem eine Blutgruppenunverträglichkeit, vergleichbar dem Rhesus-Faktor beim Menschen. Insbesondere bei der Britisch Kurzhaar sollte rein informativ die Blutgruppe (entweder A oder B) durch eine einfache Laboruntersuchung festgestellt werden, wenn man mit der Katze züchten möchte. Dies hat eine einfache Erklärung: die überwiegende Zahl aller Rassekatzen hat die Blutgruppe A. Nun gibt es aber einige Rassen, die einen gewissen Prozentsatz Tiere mit der Blutgruppe B aufweisen. Paart man eine Katze mit der Blutgruppe A mit einem Tier der Blutgruppe B, kann es bei den neugeborenen Jungtieren durch Unverträglichkeit der Blutgruppen ab dem zweiten Wurf zum Welpensterben kommen. Die Babys können nur durch künstliche Ernährung vor dem Tod gerettet werden. Für die meisten dürfte es aber zu spät sein, bis der Züchter merkt, was los ist. Auf keinen Fall dürfen die betroffenen Neugeborenen weiter von ihrer Mutter gesäugt werden. Damit nichts schiefgehen kann, sollte deshalb jede angehende Zuchtkatze und jeder stolze Zuchtkater einem kleinen Blutgruppentest unterzogen werden. Das ist ohne großen Aufwand möglich und kann zugleich mit anderen Virustests durchgeführt werden. Fragen Sie Ihren Tierarzt.

Der Tierarzt kann anhand einer Blutprobe der Katze verschiedene Untersuchungen machen.

Ihr Beitrag zur Gesundheit Ihrer Katze

- **Beobachten** Sie Ihr Tier: ist es munter, hat es normalen Appetit, ist sein Fell glänzend und anliegend, sind seine Ausscheidungen in Ordnung? Zögern Sie nie, den fachlichen Rat des Tierarztes oder im Idealfall auch des Züchters einzuholen.
- Für Notfälle sollten Sie eine kleine **Hausapotheke** anlegen. Der Tierarzt wird Ihnen sagen, was Sie dazu brauchen, und er wird Ihnen zeigen, wie man bei Samtpfote Fieber misst. Die normale Körpertemperatur bei Katzen liegt etwa bei 38,5 °C. Bei Abweichungen von mehr als 0,5 °C sollten Sie umgehend tierärztlichen Rat suchen.
- Für eine erstklassige Gesundheitsbetreuung sind zwei Dinge sind enorm wichtig: regelmäßiges **Entwurmen** – auch von Wohnungskatzen – und regelmäßige **Schutzimpfungen**. Gegen viele gefährliche Viruserkrankungen kann man impfen, eine Versorgungsmaßnahme, die sich auf jeden Fall lohnt.

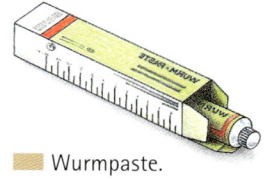

Wurmpaste.

An einen Tag im Jahr, den Sie sich im Kalender vormerken sollten, wird Ihr Haustierarzt den Stubentiger gründlich untersuchen. Er wird auch das Gebiss anschauen und Ihnen sagen, ob beispielsweise Zahnstein entfernt werden muss. Wenn die Katze schon älter ist oder etwas übergewichtig, wird er Ihnen Tipps zur Fütterung geben. Nur absolut gesunde Tiere dürfen geimpft werden.

Der Tierarzt stimmt mit Ihnen auch die Häufigkeit und Art der regelmäßigen Wurmkuren ab und er wird Ihnen sagen, wann der beste Zeitpunkt für die Kastration gekommen ist.

> **TIPP** Nach der Kastration legen manche Katzen vorübergehend an Gewicht zu. Das normalisiert sich von selbst wieder, wenn Sie die Futtermenge nicht erhöhen. Kastrierte Tiere brauchen etwas weniger Futter.

> Der Impfschutz muss unbedingt jährlich aufgefrischt werden.

Impfplan

Vor den ersten Impfungen ist es sinnvoll, über Bluttests auf FELV (Katzenleukose) und FIV (Erworbene Immunschwäche) sicherzustellen, dass keine dieser Virusinfektionen vorliegt. Wenn der Züchter Ihnen die aktuelle Virusfreiheit der Elterntiere bescheinigen kann, sind diese Tests beim Jungtier allerdings nicht nötig.

Die Grundimmunisierung junger Kätzchen und die Auffrischungsimpfungen erfolgen nach unten aufgeführten Zeitplan:

Zeitplan für Impfungen			
Krankheit	Grundimmunisierung 1. Impfung	Grundimmunisierung 2. Impfung	Wiederholungsimpfung
Tollwut	ab 12. Lebenswoche		jährlich
Katzenseuche	ab 8. Lebenswoche	3 Wochen später	jährlich
Katzenschnupfen	ab 8. Lebenswoche	3 Wochen später	jährlich
Chlamydien	ab 9. Lebenswoche	3 Wochen später	jährlich
FELV (Katzenleukose)	ab 9. Lebenswoche	3 Wochen später	jährlich
FIP (Feline Infektiöse Peritonitis)	ab 16. Lebenswoche	3 Wochen später	jährlich

Jährliche Wiederholungsimpfungen gewähren eine dauerhafte Immunisierung gegen diese Krankheiten.

Die wichtigsten Krankheiten der Katze

Bezeichnung	Übertragung	Symptome	Testmöglichkeiten, Impfung	Heilungsaussichten
Viruserkrankungen				
Katzenseuche (Panleukopenie)	von Tier zu Tier und über kontaminierte Gegenstände	Erbrechen, Durchfall, rascher Verfall, Fieber, Austrocknung	Impfung	Heilung möglich
Katzenschnupfen	von Tier zu Tier und über kontaminierte Gegenstände	Niesen, Ausfluss aus Nase und Augen, Schluckbeschwerden, Mundhöhlen- und Rachenentzündung, in schweren Fällen Fieber und Lungenentzündung	Impfung	Heilung möglich
FELV (Katzenleukose)	von Tier zu Tier und über Ausscheidungen, auch Speichel	sehr mannigfaltig, u.a. Infektionsneigung, Tumorbildung, Fruchtbarkeitsstörungen, „chronische Kümmerer"	Bluttest, Impfung bei Virusfreiheit reduziert Infektionsrisiko	keine, wenn Krankheit ausgebrochen ist
FIP (Feline Infektiöse Peritonitis)	von Tier zu Tier, von der trächtigen Kätzin auf ungeborene Junge, über kontaminierte Gegenstände	diffus, insbesondere Fieber, allmählicher Verfall, Futterverweigerung, Störungen im Zentralnervensystem (Lähmungen, Krämpfe etc.), Flüssigkeitsansammlung in verschiedenen Körperhöhlen, multiple Entzündungsherde in inneren Organen	Bluttest, leider nicht 100%ig sicher, da ein Antikörpertiter bei einem klinisch gesunden Tier keinerlei Aussage erlaubt über die Wahrscheinlichkeit eines Ausbruches der Krankheit, Impfung verfügbar	keine, wenn Krankheit ausgebrochen ist
FIV (Erworbene Immunschwäche)	von Tier zu Tier, besonders durch Biss- und Kratzwunden, nicht auf den Menschen übertragbar	ähnlich dem FELV	Bluttest, keine Impfung verfügbar	keine
Andere Erkrankungen				
Endoparasiten	Würmer und Mikroorganismen verschiedenster Art und Übertragungsweise, Bandwürmer z.B. über Flöhe	verschiedene gesundheitliche Probleme, je nach Parasit	Vorsorge und Behandlung durch den Tierarzt	gut
Ektoparasiten	Flöhe, Zecken, Milben etc.	verschiedene Hautprobleme, je nach Parasit	Vorsorge und Behandlung durch den Tierarzt	gut
Pilzerkrankungen	Pilze verschiedenster Art, Übertragung von Tier zu Tier oder über Personen, kontaminierte Gegenstände	haarlose Stellen, Borken, Schuppen, Krusten, mit oder ohne Juckreiz	Identifikation und Behandlung durch den Tierarzt, Impfung ist seit neuestem verfügbar	gut

Aufstellung der Katzenkrankheiten

Viruserkrankungen
- **Katzenseuche** (Panleukopenie).
- **Katzenschnupfen**.
- **FELV** (Katzenleukose).
- **FIP** (Feline Infektiöse Peritonitis).
  Testmöglichkeit: Bluttest, der leider nicht 100 %ig sicher ist. Es wird bei einer Titerbestimmung der zum Testzeitpunkt im Blut existierende Antikörpergehalt gegen ein Corona-Virus festgestellt. Dieses Virus kann möglicherweise bei einem empfänglichen Tier FIP auslösen. Ein Antikörpertiter, gleich welcher Höhe, sagt bei einem klinisch gesunden Tier nichts darüber aus, ob es überhaupt und wenn ja, wann es an FIP erkranken wird. Viele Katzen haben einen „FIP"-Titer, sind aber putzmunter und zeigen ihr Leben lang keine FIP-Symptome. Aufgrund der geringen Aussagekraft des Tests besteht keinerlei Rechtfertigung dafür, klinisch gesunde Katzen mit einem hohen Titer zu euthanasieren, wie dies in Zuchten zur „Sanierung des Bestandes" leider schon durchgeführt wurde. Eine Impfung ist verfügbar.
- **FIV** (Erworbene Immunschwäche).

Die wichtigsten Informationen zu den Viruskrankheiten finden Sie in der nebenstehenden Tabelle.

Andere Erkrankungen
- **Endoparasiten** (Würmer).
- **Ektoparasiten** (Flöhe, Milben, Zecken und andere).
- **Pilzerkrankungen** (u.a. Mikrosporie).

▓ Mit speziellen Sprays und Halsbändern kann man einem Befall mit Flöhen und Zecken vorbeugen. Ihr Tierarzt wird Sie gerne beraten.

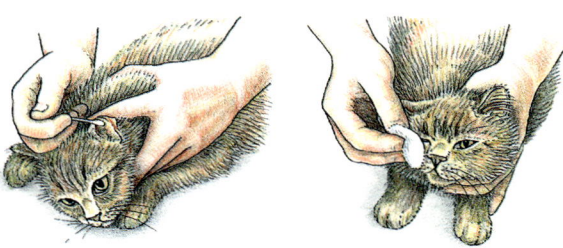

▓ Mit Wattestäbchen und Wattebausch werden Ohren und Augen bei der Katze vorsichtig gereinigt.

77

Züchten und Genetik

■ Rechte Seite:
Ob diese Kätzin gerade
von Nachwuchs träumt
– oder eher ihre stolzen
menschlichen Besitzer?

Züchten – Ein Hobby, das Zeit und Geld kostet

Die Idee, mit einer schönen Katzendame einmal einen Wurf aufzuziehen, kommt dem Katzenfreund spätestens dann zum ersten Mal in den Sinn, wenn sie rollig wird. Auch die Meinung, zur optimalen Entwicklung einer weiblichen Katze gehöre ein Wurf, hält sich hartnäckig. Dem ist allerdings nicht so – es ist weder gesundheitsförderlich noch notwendig, eine Kätzin einmal Junge haben zu lassen, bevor sie vom Tierarzt kastriert wird. Bevor Sie überhaupt daran denken, auch nur einen einzigen Wurf Jungtiere aufzuziehen, sollten Sie sich dies vorher ganz genau überlegen. Katzen zu züchten ist nicht so einfach, wie es scheint: Sie brauchen Zeit, Platz und Geld. Das Budget und die Zeit Ihres Jahresurlaubs werden Sie dafür brauchen – besonders dann, wenn Komplikationen auftreten oder Erkrankungen von Muttertier und/oder Jungtieren dazukommen. Beantworten Sie für sich deshalb unbedingt zunächst die folgenden wichtigen Fragen.

Fünf Fragen an den angehenden Züchter

Sind Sie bereit, den finanziellen Aufwand zu tragen?
Kätzchen aufziehen ist nicht billig. Schon die Deckgebühr beim Kater liegt zwischen 500.- und 1000.- DM. Tierarztkosten für Vorsorge, Impfungen, Entwurmung, eventuell Geburtshilfe werden anfallen. Katzenmutter und -kinder benötigen das allerbeste Futter. Bald werden Sie feststellen, daß Sie in die Aufzucht der jungen Kätzchen weit mehr Geld gesteckt haben, als Sie durch den Verkauf der Jungtiere zurückbekommen. Vergessen Sie dabei nicht, dass für die Unterlagen der Kätzchen, Stammbaum und Vereinsgebühren Auslagen entstehen. Auch Anzeigen müssen bezahlt werden, wenn Sie sichergehen wollen, dass Ihre Babys alle ein gutes Zuhause bekommen.

■ Eine Katzenmutter
und ihre Jungen brauchen allerbeste Versorgung.

78

Für's Kätzchen ungeheuer interessant, aber als Spielzeug gefährlich: Schnüre, Fäden und Bänder.

80

Haben Sie genügend Zeit?

Die Kätzin wirft normalerweise nach ungefähr 63 bis 65 Tagen Tragzeit, eine Geburt zwischen dem 59. und dem 70. Tag ist aber auch noch im Rahmen. Das heißt, in dieser ganzen Zeit sollten Sie keine anderen Verpflichtungen annehmen und immer wieder, auch nachts, nach Ihrer Katze schauen. Besonders die Tage vor dem Geburtstermin sollten für die Kätzin geregelt und ohne große Störungen verlaufen. Rassekatzen wie unsere instinktsicheren Kurzhaarkatzen entbinden meist ohne größere Probleme. Trotzdem ist es besser – viele Kätzinnen wollen es sogar und zeigen es deutlich – wenn Sie während des ganzen Geburtsvorganges dabei sind. Pflege und Aufzucht der Katzenkinder macht viel Arbeit. Können Sie dies neben Ihren üblichen Tätigkeiten bewältigen? Wenn Sie berufstätig sind, wäre es gut, den Urlaub für diese Zeit einzuplanen.

Haben Sie genügend Platz?

Damit ein Katzenwurf sich ungestört entwickeln kann, sollten Sie einen gesonderten Raum innerhalb der Wohnung haben, an dem sich die Tierchen frei und sicher bewegen können. Durchgangsverkehr von Kindern und anderen Haustieren stört. Trotzdem muss von Geburt an verständnisvoller Kontakt mit Menschen vorhanden sein. Haben Sie die Möglichkeit, Ihrer zukünftigen Katzenmama entsprechende Räumlichkeiten für eine ungestörte und dennoch menschenbezogene Aufzucht bieten?

Sind Sie emotional belastbar?

Das ist keine sonderbare Frage, auch wenn Sie dies vielleicht jetzt denken mögen. Bei der Aufzucht der kleinen Kätzchen können auch traurige Ereignisse passieren. Jungtiere und Mutterkatzen können schwer erkranken oder gar sterben. Im glücklichsten Fall, wenn alles glatt gegangen ist, kommt der Tag, an dem Sie sich von den Kleinen durch den Verkauf trennen müssen. Sie kennen sie vom ersten Atemzug an, haben ihre ganze Entwicklung erlebt, besondere Lieblinge unter den Babys, aber Sie können nicht alle behalten. Eine Bande junger Katzen kann andererseits ganz schön lebhaft und zerstörerisch sein. Trotzdem darf es Ihnen nicht in den Sinn kommen, sie schnell loszuwerden – nur der beste Platz ist gut genug!

Werden Sie dies verkraften, und haben Sie auch die Geduld und das Durchstehvermögen, wirklich gute Plätze für Ihre Katzenkinder zu finden?

Mit buntem Knisterzeug lässt es sich wunderbar spielen.

Ist Ihre Katze zur Zucht geeignet?

Ob Ihre Kätzin gesundheitlich in Topform ist, kann der Tierarzt abklären. Er wird sie genau untersuchen und feststellen, ob sie ausreichend gut entwickelt und in bester Kondition ist. Sie sollte dem Zuchtstandard der Rasse entsprechen. Das müssen Sie als Laie vorher auf einer Katzenausstellung von Richtern beurteilen lassen.

Die standardgemäße Zuchttauglichkeit einer Katze wird auf der Ausstellung durch die Formnote „vorzüglich" bestätigt. Manche Vereine knüpfen Zuchteignung jedoch nicht an Formnoten. Sie können theoretisch mit jeder Katze züchten, die eine authentische Ahnentafel besitzt. Es ist in Ihrem eigenen Interesse, Wert darauf zu legen, dass Sie wirklich nur mit einem vielversprechenden Tier züchten – gleich ob Katze oder Kater.

Nur völlig gesunde, gut entwickelte und standardtypische Tiere sind zuchtgeeignet.

Seien Sie sich selbst gegenüber ganz ehrlich. Müssen Sie nur eine der Fragen mit „Nein" beantworten, sollten Sie Ihr „Zuchtprojekt" als gescheitert betrachten. Züchten ist ein Hobby, das sich nicht wegräumen lässt wie Skier, wenn es kein Schnee mehr gibt. Treffen Sie diese ernste Entscheidung bitte im Sinne der Tiere und nicht danach, wozu Sie selbst Lust hätten!

81

Britisch Kurzhaar in bicolor: Blau mit Weiß-scheckung.

Zum Züchten gehört Genetik

Est keine leichte Aufgabe, Katzen zu züchten. Der verantwortungsvolle Züchter muss immer daran denken, dass er trotz all seiner Begeisterung für seine Katzen, die Jungtiere, mit denen er nicht weiter züchtet, gut unterbringt. Das ist nicht weiter schwierig, wenn eine Katzenrasse beliebt ist. Hat sie aber nur wenige Freunde oder ist weniger bekannt, dauert ein Zuchtprogramm viele Jahre. Das ist die eine Seite. Die andere, genauso wichtige ist, dass der Züchter ein Grundwissen über die Vorgänge bei der Vererbung haben muss. Ohne dies ist keine sinnvolle Planung der Zucht möglich und ohne Planung werden Katzen allenfalls vermehrt, nicht aber gezüchtet. Leider haben Katzenzüchter oft wenig Interesse, sich dieses Wissen anzueigenen – weit weniger als Kleintierzüchter, die sich in der Genetik oft wirklich gut auskennen.

Wir wollen hier einige Regeln der Genetik kennenlernen und wie man damit umgehen kann, wenn man sich für Katzenzucht interessiert. Wissenschaftliche Hintergründe mussten dabei sehr stark vereinfacht werden und manche Fragestellungen können überhaupt nicht beantwortet werden. In speziellen Fällen hilft die Fachliteratur weiter oder Sie wenden sich an Züchter, die mit der Genetik vertraut sind.

Was ist Genetik?

Ein Forschungsgebiet der Biologie ist die **Vererbungslehre** oder **Genetik**. Es beschäftigt sich damit, wie Eigenschaften und Merkmale von Lebewesen (Erbanlagen oder Gene) von Generation zu Generation weitergegeben werden. Die wissenschaftlichen Erkenntnisse werden in der Praxis angewandt, um bei der Zucht von Tieren und Pflanzen gezielt vorzugehen. Schwächen und Erbkrankheiten sollen vermieden und

bestimmte Erscheinungsbilder – zum Beispiel eine ganz bestimmte
Fellfarbe bei einer Katze – sozusagen auf Wunsch gezüchtet werden.

Was sind Erbanlagen?

Unsere Katze besteht, wie jedes Lebewesen, aus vielen winzigen **Zellen**. Diese hochkomplizierten Einheiten sind die Grundbausteine des Körpers und sie
erfüllen sehr viele Funktionen.

> Die einzelne Zelle verfügt grundsätz-
> lich über die gesamte „Lebensinforma-
> tion", führt aber im Organismus in
> Zusammenarbeit mit anderen Zellen
> und in räumlicher Organisation als
> Organe nur bestimmte Aufgaben aus.

   Die Lebensinformation – im heutigen Sprachge-
brauch könnte sie als die „Software" des Organismus
bezeichnet werden, sitzt in organischen Molekülen chemisch verschlüsselt im **Zellkern**. Die Einheiten der Erbsubstanz nennt man
Chromosomen. Es sind fadenförmige Gebilde, auf denen die Einzel-
informationen, sogenannte **Gene**, liegen. In den Genen sind in einer
bestimmten Abfolge von chemischen Verbindungen (Molekülen) alle
Anleitungen für den Bau und die Funktion des ganzen Organismus
„aufgeschrieben".

   Je nachdem, wo die Zelle im Körper sitzt, werden unterschiedliche
Informationen abgerufen und ausgeführt. Eine Hautzelle hat beispiels-
weise Gene für Haarfarbe und Fellstruktur in Benutzung, in einer
Leberzelle dagegen sind Gene für bestimmte Enzyme aktiv.

Zellkern

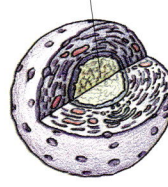

Zelle

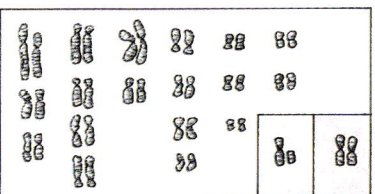

■ Das große Feld zeigt die Autosomen der
Katze. Im kleinen Feld sind die Geschlechtschromosomen dargestellt:
links die XY-Chromosomen des Katers, rechts
die XX-Chromosomen der Katze. Alle Chromosomen befinden sich im Zellkern.

   Die Katze besitzt in jeder Zelle 38 Chromosomen, jeweils 19 wurden
von jedem Elternteil bei der Befruchtung der Eizelle beigesteuert. Die
gesamte Erbinformation ist also doppelt vorhanden, in Form von einander entsprechenden Chromosomenpaaren. Bis auf ein Paar werden
sie als homologe Chromosomen oder **Autosomen** bezeichnet. Ein einziges Paar besteht aus ungleichen, nicht homologen Chromosomen.
Das sind die **Heterosomen** oder geschlechtsbestimmenden Chromosomen X und Y. Die Kätzin besitzt zwei X- Chromosomen, der Kater ein
X- und ein Y-Chromosom. Die Bezeichnungen X und Y wurden für
diese ungleichen Chromosomen wissenschaftlich festgelegt.

83

Tupfen
(Spotted Tabby)

Streifen
(Mackerel Tabby)

Räderzeichnung
(Classic Tabby)

Alle Gene oder Einzelmerkmale eines Individuums zusammen, die es auf seinen Chromosomen besitzt, werden als **Genotyp** bezeichnet. Die Ausprägung der Merkmale im äußeren Erscheinungsbild – also nur die sichtbaren Eigenschaften wie Körperbau, Augenfarbe, Haarstruktur und Fellfarbe – bilden den **Phänotyp** des einzelnen Lebewesens.

Gene, die bekannt sind, werden mit Buchstaben gekennzeichnet. Bei jedem der 19 Chromosomenpaare der Katze entsprechen sich die beiden homologen Chromosomen genau in Art, Anzahl und Reihenfolge der Gene, die darauf verschlüsselt sind. Den Platz eines bestimmten Erbmerkmals auf dem Chromosom nennt man **Genort**. Einander entsprechende Gene, die jeweils auf demselben Genort der beiden Chromosomen eines Paares liegen, werden als **Allele** bezeichnet.

Besitzt eine Katze auf beiden homologen Chromosomen das Gen A für Agouti (Wildfarbe), so ist sie **reinerbig** für dieses Allel: AA. Sie kann nur das Gen A an ihre Nachkommen weitergeben. Besitzt sie aber ein Allel A und das andere a (ohne Wildfarbe, verändert in der Ausprägung gegenüber A), dann ist die Katze **mischerbig** für dieses Allel: Aa. Sie kann sowohl das Gen A wie auch das Gen a an die Nachkommen vererben.

Die Fellfarben

Das Gen für die **Wildfarbe** (Tarnzeichnung) aller Katzen wird mit Agouti bezeichnet. Wildfärbung zeigt sich als dunklere Tupfung, Tigerstreifen, Rosetten oder Maserung auf hellerem Untergrund. Das Muster entsteht, indem Pigment in jedem einzelnen Haar nicht gleichmäßig verteilt, sondern in einzelnen dunklen und hellen Bändern eingelagert wird.

Die verschiedenen Musterungen, in denen sich Wildfarbe zeigen kann, nennt man **Tabby.** Die Gene für die verschiedenen Muster werden mit T, T^a und t^b (siehe Tabelle Fellgene, S. 94) bezeichnet. Jede Katze besitzt Tabby-Gene, aber sie wird nur dann Tabbymuster zeigen, wenn sie dazu das Agouti-Gen A trägt.

Trägt ein Tier kein Agouti (aa), wird sein Fell auch keine Tabby-Musterung zeigen, es ist einfarbig. Aus dem Englischen kommt die Bezeichnung **Self** für diese Tiere ohne Wildfarbe.

Mutationen – veränderte Gene

Wenn ein Gen dauerhaft verändert ist und sich so weitervererbt, nennt man dies eine **Mutation**. Sie steuert zwar immer noch dasselbe Gen, führt aber zu einer anderen Ausprägung. Nicht-Agouti a ist eine Mutation des Gens A (Wildfarbe). In der Natur sehen wir dies bei Schwärz-

Mackerel

Räderzeichnung

lingen des Leopards, den schwarzen Pantern oder auch bei schwarzen Servalen, die gelegentlich vorkommen können. Ein anderes Beispiel für Mutationen ist die Serie der Gene, die die Pigmentbildung steuern: B = Schwarz, b = Chocolate (schokoladenbraun), b^l = Cinnamon (zimtfarben); b und b^l sind Mutationen von B. Sie entstanden im asiatischen Raum und kamen über die Siamkatze nach Europa.

Ein Gen ist merkmalbestimmend, = **dominant**, wenn es auf jeden Fall in Erscheinung tritt, auch wenn es nur von einem Elternteil her (mischerbig) vorliegt. Man bezeichnet dominante Gene mit Großbuchstaben. Meist, aber nicht immer sind die Wildtypgene dominant, die mutierten Gene rezessiv.

Ein **rezessives** Gen ist dem dominanten Gen unterlegen, tritt also bei dessen Anwesenheit nicht in sichtbar Erscheinung. Es kann nur dann zur Ausprägung kommen, wenn es von beiden Elternteilen her vererbt wurde (reinerbig). Man bezeichnet rezessive Gene mit Kleinbuchstaben. Mischerbig können rezessive Gene über viele Generationen unbemerkt weitergegeben werden.

■ Bei dieser Katzengruppe sind die Tiere mit Räderzeichnung sehr deutlich von den Mackerel zu unterscheiden.

Beispiel: Agouti (Wildfarbe) A		
genetische Ausstattung	Bezeichnung	sichtbare Ausprägung
reinerbig	AA	Tabby
mischerbig	Aa	Tabby
rezessives Gen, reinerbig	aa	einfarbig ohne Tabby

85

Ei- und Samenzellen werden durch die Reduktionsteilung oder **Meiose** gebildet. Dabei wird der Chromosomensatz halbiert. Dies ist nötig, sonst würde er sich bei jeder Befruchtung verdoppeln und die Nachkommen wären nicht lebensfähig.

Britisch Kurzhaar-Katzenkind in der Farbe Chocolate.

Wie werden Erbanlagen weitergegeben?

Durch Befruchtung einer Eizelle der Mutter mit einer Samenzelle des Vaters wächst ein neues Lebewesen heran. Die befruchtete Eizelle und alle Körperzellen teilen sich so, dass jede neue Zelle wieder den gesamten doppelten Chromosomensatz enthält. Diese Zellteilung nennt man erbgleiche Teilung oder **Mitose**. Dabei wird das gesamte Erbmaterial schon vor der eigentlichen Zellteilung identisch verdoppelt und dann an die beiden Tochterzellen in gleicher Ausstattung weitergegeben.

Anders verläuft die Teilung bei der Entstehung der Keimzellen. Sie entstehen durch die Reduktionsteilung (Meiose), bei der der Chromosomensatz halbiert wird. Die Keimzellen der Katze enthalten also jeweils 19 Einzelchromosomen, erst die befruchtete Eizelle hat dann wieder den kompletten Satz von 38 Chromosomen. Die **Meiose** ist ein komplizierter, mehrstufiger Prozess, bei dem nicht nur die Chromosomenpaare getrennt werden, sondern auch Stücke von Chromosomen ausgetauscht werden können. Auf diese Weise entsteht eine zufallsgesteuerte Umordnung und Durchmischung der Gene in jeder neuen Generation. Sie gewährleistet eine Vielfalt an Variationsmöglichkeiten in der Zusammensetzung der Gene aller zurückliegender Generationen und sie eröffnet nicht nur Spielräume für das Aussehen der Tiere, sondern zuallererst für die arterhaltende Anpassungsfähigkeit an veränderte Lebensbedingungen.

Gesetzmäßigkeiten bei der Vererbung

Der böhmische Mönch Gregor Mendel entdeckte Mitte des vorigen Jahrhunderts durch Kreuzung verschiedenfarbiger Blumen im Klostergarten, dass es Gesetzmäßigkeiten gibt, mit denen Erbanlagen von einer Generation an die andere weitergegeben werden. Zuerst durch Beobachtung und dann in Tausenden von Kreuzungsversuchen mit Pflanzen fand er heraus, dass die Vererbung bestimmter Eigenschaften in konstanten Zahlenverhältnissen geschieht. Dies ist die **konservative Komponente** der Vererbung. Die andere, **kreative Komponente** ist die Zufallsverteilung der väterlichen und mütterlichen Gene bei

■ Wenn das Gen für
Scheckung vorliegt,
können mehrfarbige
Fellmuster entstehen:
hier Schildpatt (blau-
creme) mit Weiß.

Vielfalt in der Natur entsteht durch
Vermischung der Gene – gleich einem
Würfelspiel – mit festen Regeln und
dem Zufall.

der Entstehung der Keimzellen (siehe oben) und bei
der Befruchtung selbst. Beide Komponenten zusammen erlauben die Erhaltung der Art sowie die
Anpassung an veränderte Lebensumstände durch die Variation – aus
dem Zusammenspiel von festen Regeln und dem Zufall. Dies Wissen
ermöglicht uns nun, gewisse statistische Voraussagen über die Nachkommen einer bestimmten Verpaarung zu machen, wenn wir Katzen
züchten.

Wie entstehen männliche und weibliche Nachkommen?

Jeder Elternteil gibt über seine Keimzelle bei der Befruchtung ein
Chromosom des Heterosomenpaares (Geschlechtschromosom) weiter.
Durch die Ungleichheit dieser Chromosomen entstehen je nach Kombi-
nation männliche und weibliche Nachkommen.
- Der Kater besitzt die Chromosomen XY und bildet Samenzellen mit
  X und Samenzellen mit Y.
- Die Kätzin besitzt die Chromosomen XX und bildet Eizellen mit X.
- Daraus ergeben sich folgende Kombinationsmöglichkeiten bei der
  Befruchtung:

87

Entstehung männlicher und weiblicher Nachkommen		
Kater / Kätzin	X	Y
X	XX weiblich	XY männlich
X	XX weiblich	XY männlich

Dieses Schema der Verteilung auf die Nachkommen gilt auch für die anderen Chromosomen (Autosomen). Bei der Kreuzungsanalyse (siehe dort) in Form einer Schachbrettdarstellung wird auf die praktische Anwendung für die Katzenzucht näher eingegangen.

■ Die Farbe Rot bei der Katze wird über die Geschlechtschromosomen vererbt.

Zuchtplanung

Katzenzucht heißt nicht, einfach nur schöne Katzen, die man gerade hat, sich paaren zu lassen und dann die Jungen großzuziehen. Das kann die Natur ohne menschliches Zutun besser. Züchten bedeutet viel mehr: von Anfang an muss eine Auswahl getroffen werden, die guten und die weniger guten Punkte müssen gegeneinander abgewogen werden. Dann plant man die Verpaarungen mit dem Ziel, eine Verbesserung der Rasse zu erreichen. Verbesserung ist hier gemeint im Sinne der im Rassestandard vorgegebenen äußeren Merkmale. Diese werden auf Ausstellungen bewertet, auf denen sich der Züchter mit seinem Tier der Konkurrenz der anderen Züchter vor erfahrenen Richtern stellt, um dann in seiner eigenen Zucht weiterarbeiten zu können. Das Schwierigste an der Kunst des Züchtens ist der Weg zu einem bestimmten Zuchtziel. Zwei Prinzipien, Auslese und gemäßigte Inzucht, in umsichtig geplanter Kombination bilden die beste Grundlage für die Zucht. Beide haben Vor- und Nachteile, die nicht außer acht gelassen werden dürfen.

Auslese findet in der Natur mit dem Ziel statt, dem an die gegebenen Lebensumstände am besten angepassten Individuum den Vorrang zu geben. Es sind sinnvolle Kritererien, bei denen es rein um das Überleben und die Erhaltung der Art geht. In der Katzenzucht hingegen bestimmen wir die Kriterien. **Gesundheit** sollte dabei an oberster Stelle stehen. Erst dann folgen die Eigenschaften, die wir nach unserer menschlichen Ästhetik als schön empfinden wie Fellbeschaffenheit und Farbe. Für das Überleben der Art bedeuten unsere züchterischen Kriterien nichts. Deshalb sollte der Katzenzüchter nie vergessen, dass er für die Natur keinen wirklich sinnvollen Beitrag leistet, sondern höchstens dafür, dass menschliche Wünsche nach einem „schönen" Tier befriedigt werden. Es gibt leider genügend Beispiele für fragliche Auslesekriterien bei der Zucht von Heimtieren.

In der Katzenzucht sind dominante oder reinerbig vorliegende Merkmale leicht zu selektieren, nicht aber die rezessiven, wenn sie mischerbig getragen werden. Diese können über Generationen versteckt weitergegeben werden. Hier hilft die gemäßigte Inzucht weiter.

Unter **Inzucht** versteht man Verpaarungen miteinander verwandter Tiere. Verpaarung von Geschwistern untereinander, wie Kinder mit Eltern, ist engste Inzucht, auch Inzestzucht. Sie führt zur größtmöglichen Reinerbigkeit, die Vielfalt der Erbanlagen wird dabei am stärksten eingeschränkt. Schädliche Genkombinationen treten sofort in den Nachkommen auf, sind entweder tödlich, zeigen sich in Missbildungen

Dieses Britisch Kurzhaar-Katzenkind in der Farbe Lilac zeigt noch jugendliche Geisterzeichnung in Form eines Tabbymusters, die mit zunehmendem Alter nicht mehr erwünscht ist.

oder anderen physiologischen Störungen. In der Nutztierzüchtung wird so die Leistungsfähigkeit einer Rasse getestet. Es ist die mit den größten Risiken behaftete Art der Inzucht.

Unter **gemäßigter Inzucht** versteht man Verpaarungen weniger nah verwandter Tiere wie Großeltern mit Enkeln, Tanten oder Onkel mit Neffen oder Nichten oder Cousins mit Cousinen. Durch die Verwandtschaft liegen hier immer noch viele Gene gemeinsam vor, aber wir haben nicht die äußerst starke Einschränkung der Vielfalt der Erbanlagen und damit besteht auch nicht die große Gefahr, dass Defekte wie bei der Inzestzucht auftreten. Wiederholte Inzucht innerhalb einer Linie kann zu sogenannter **Inzuchtdepression** führen, denn nicht nur die positiven Eigenschaften werden durch die fortgesetzte Einschränkung des Genpools gefestigt, sondern auch die nachteiligen. Werden zwei Eltern aus vollständig fremden Inzuchtlinien miteinander verpaart, so wird das als „outcross" bezeichnet. Nur die direkten Nachkommen der Verpaarung zweier verschiedener Inzuchtlinien sind oft viel größer, gesünder und fruchtbarer.

> **TIPP**
> Dieses Risikos wegen sollte mit so wenig Inzucht wie unbedingt nötig in der Zucht gearbeitet werden.

Dieser **Heterosiseffekt** kommt dadurch zustande, dass bei diesen Tieren der ersten Nachzuchtgeneration der höchste Grad an Mischerbigkeit auftritt, die größtmögliche Vielfalt an Genen.

Eigenschaften eines guten Züchters

- Zeit und Geduld
- Erfahrung, ein guter Blick für die Charakteristika seiner Rasse, wie Vitalität, Wesen und Schönheitsmerkmale,
- Erkennen und Auswahl der gewünschten Merkmale, Beschränkung auf eine überschaubare Anzahl an Auswahlkriterien,
- Gesundheit und rassetypisches Wesen sollten ihm vor Farbe und andere äußerliche Merkmale gehen,
- Anwendung von Auslese, kombiniert mit gemäßigter Inzucht bei der Planung seines Zuchtzieles.

> **TIPP**
> Ein „Fehler" eines Zuchttieres ist nicht innerhalb einer einzigen Generation auszugleichen, indem ein Partner zu Paarung verwendet wird, der diesen Fehler nicht hat. Diesem Ziel kommt man nur durch Auslese über mehrere Generationen näher.

Zur Erinnerung: Gene werden in Einheiten und Gengruppen weiter vererbt, die sich unter den Nachkommen zufallsbedingt aufspalten und verteilen können. Damit wird klar: ein bestimmtes Merkmal kann nur über mehrere bis viele Generationen Schritt für Schritt durch gezielte Auswahl der Nachkommen und entsprechend gewählte Folgeverpaarungen verändert werden.

Kreuzungsanalyse

Ist für den Züchter das eigene Zuchtziel klar und kennt er die genetischen Grundlagen der Gene, um die es ihm geht, kann er für eine bestimmte Verpaarung zweier Katzen eine **Kreuzungsanalyse** erstellen.

So funktioniert eine Kreuzungsanalyse
Wir verwenden zur Darstellung eine Gitternetztabelle, in der in der obersten waagrechten Zeile die Gene des Katers und in der ersten senkrechten Spalte die Gene der Kätzin eingetragen werden.
Die Genkombinationen der beiden, die dann bei den Nachkommen auftreten, tragen wir in die Kästchen ein, die an den Kreuzungspunkten senkrecht unter dem jeweiligen Gen des Katers und waagrecht vom jeweiligen Gen der Kätzin liegen.

Die Kreuzungsanalyse gibt einen statistischen Überblick über die zu erwartenden Ergebnisse. Kreuzungsanalysen beziehen sich immer auf die **Gesamtheit der theoretischen Nachkommen** aus einer Verpaarung. Das heißt, nicht in einem, sondern in allen denkbaren Würfen einer Verpaarung fallen die verschiedenen Möglichkeiten der Genotypkombinationen in einem bestimmten Zahlenverhältnis. In den Beispielen 1 bis 4 auf den folgenden Seiten sind die verschiedenen Möglichkeiten der Vererbung der Gene für Wildfarbe – Agouti A (dominant) und Einfarbigkeit – Nicht-Agouti a (rezessiv) dargestellt. Besonders dann, wenn der Züchter an rezessiven Genen interessiert ist, kann er nicht unbedingt erwarten, dass sie sich im ersten Wurf zeigen.

Um mit Sicherheit zu erfahren, ob ein Zuchttier ein bestimmtes rezessives Gen trägt, kann man eine Testverpaarung mit einem Partner machen, der dieses rezessive Gen reinerbig trägt und es damit auf jeden Fall weitergibt. Das Kreuzungsschema Beispiel 5 auf Seite 93 gilt für die Gene von Schwarz, dominant, und Blau, rezessiv. Eines der Elterntiere ist schwarz, trägt aber Blau nicht sichtbar (Genotyp BBDd), das andere Elterntier ist blau (Genotyp BBdd). Ob ein Tier rezessive Gene trägt, ist aus dem Stammbaum zu entnehmen, wenn einer der Eltern reinerbig für das rezessive Gen war. Rezessive Gene können über viele Generationen unsichtbar mitgetragen werden.

Wenn zwei oder drei Gene zugleich im Vererbungsvorgang interessieren, wird das Kreuzungsschema genauso angewendet. Je mehr Gene betrachtet werden, desto umfangreicher und komplizierter wird dabei die Auswertung, vor allem, wenn sowohl dominante als auch rezessive Gene in der Kreuzungsanalyse mit einbezogen werden.

Kreuzungsanalysen mit den Genen für die Fellzeichnung Wildfarbe – Agouti A und Einfarbigkeit – Nicht-Agouti a.

Beispiel 2a*): Einer der Paarungspartner ist mischerbig für Agouti:
Kater Aa, produziert Samenzellen mit A und a, Kätzin ist reinerbig Agouti AA,
produziert nur Eizellen mit A.

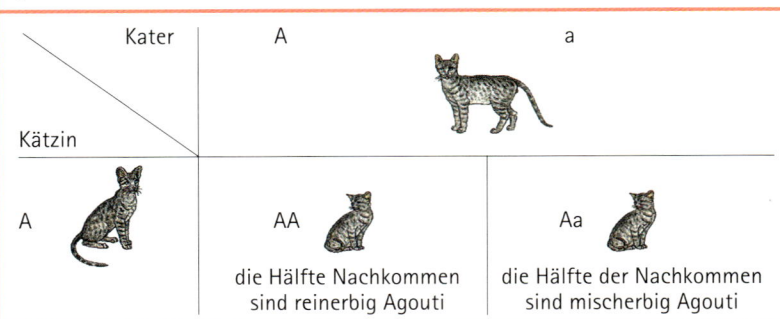

Kater	A	a
Kätzin		
A	AA die Hälfte Nachkommen sind reinerbig Agouti	Aa die Hälfte der Nachkommen sind mischerbig Agouti

*) In beiden Fällen ergeben sich bei umgekehrter Konstellation die gleichen Zahlenverhältnisse

Beispiel 2b*): Kater reinerbig Nicht-Agouti aa,
produziert nur Samenzellen mit a, Kätzin reinerbig
Agouti AA, produziert nur Eizellen mit A.

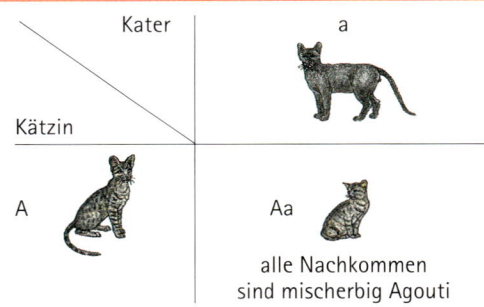

Kater	a
Kätzin	
A	Aa alle Nachkommen sind mischerbig Agouti

Beispiel 1: Kater reinerbig Agouti AA, produziert nur Samenzellen mit A, Kätzin reinerbig Agouti AA, produziert nur Eizellen mit A.

Kater	A
Kätzin	
A	AA alle Nachkommen sind reinerbig Agouti

Beispiel 3: Kater reinerbig Nicht-Agouti aa, produziert nur Samenzellen mit a, Kätzin reinerbig Nicht-Agouti aa, produziert nur Eizellen mit a.

Kater	a
Kätzin	
a	aa alle Nachkommen sind reinerbig Nicht-Agouti

Beispiel 4a: Beide Paarungspartner sind mischerbig für Agouti Aa:
Kater Aa, produziert Samenzellen mit A und a, Kätzin Aa, produziert Eizellen
mit A und a.

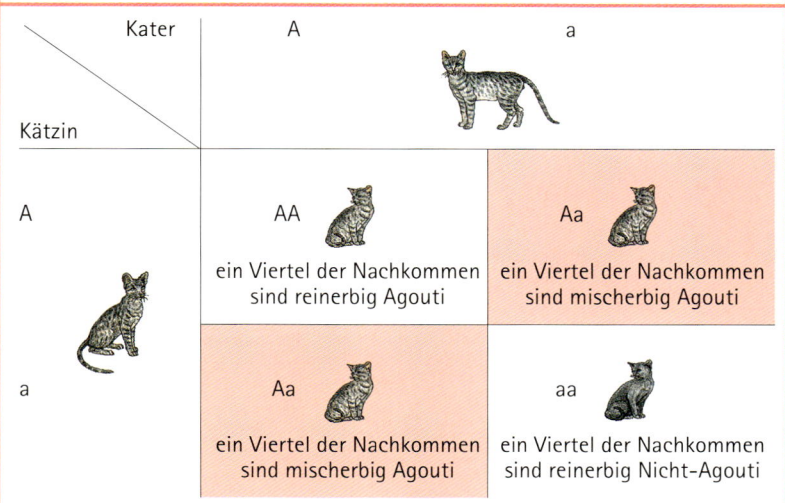

Kater\\Kätzin	A	a
A	AA — ein Viertel der Nachkommen sind reinerbig Agouti	Aa — ein Viertel der Nachkommen sind mischerbig Agouti
a	Aa — ein Viertel der Nachkommen sind mischerbig Agouti	aa — ein Viertel der Nachkommen sind reinerbig Nicht-Agouti

Beispiel 4b: Kater reinerbig Nicht-Agouti aa,
produziert nur Samenzellen mit a, Kätzin mischerbig Agouti Aa, produziert Eizellen mit A und a.

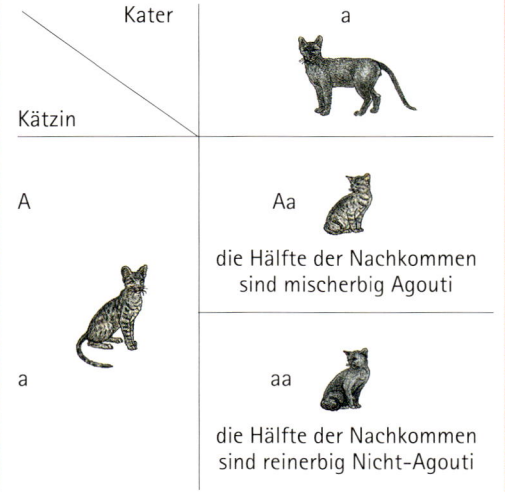

Kater\\Kätzin	a
A	Aa — die Hälfte der Nachkommen sind mischerbig Agouti
a	aa — die Hälfte der Nachkommen sind reinerbig Nicht-Agouti

Beispiel 5: Kater reinerbig Blau BBdd, produziert
Samenzellen mit Bd, Kätzin mischerbig Schwarz
BBDd, produziert Eizellen mit BD und Bd.

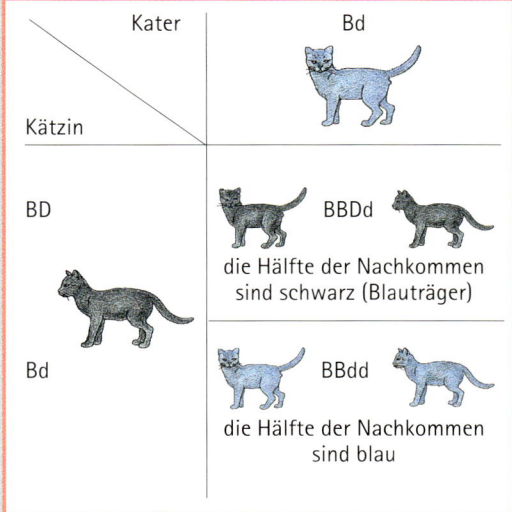

Kater\\Kätzin	Bd
BD	BBDd — die Hälfte der Nachkommen sind schwarz (Blauträger)
Bd	BBdd — die Hälfte der Nachkommen sind blau

Dieses Kreuzungsschema ist ebenso anwendbar, wenn man zwei oder mehr Gene zugleich im Vererbungsvorgang berücksichtigen will. Man spricht dann vom di- oder multihybriden Erbgang. Die Analyse solcher Erbgänge ist äußerst aufwendig, deshalb sollten in einer Kreuzungsanalyse sollten immer möglichst wenige Gene auf einmal betrachtet werden. Es ist einfacher, mehrere Analysen hintereinander durchzuführen und sich jedesmal nur auf einzelne Gene zu konzentrieren.

Fellgene der Kurzhaarkatzen		
Symbol	Name	Beschreibung
A	Agouti	Wildfarbe Tabby, einzelne Haare gebändert schwarz und gelbl.-braun
a	Nicht-agouti	einfarbig, Haare nicht gebändert
B	Schwarz	schwarzes Pigment (Melanin)
b	Braun /(Chocolate)	veränderte Verteilung des schwarzen Pigments im Haar führt zu brauner Farbe
C	Vollfarbe	maximale Pigmentierung
c^s	Maskenzeichnung	dunkler pigmentiertes Fell an Extremitäten, Gesicht und Schwanz
D	dichte Pigmentierung	Pigmentkörner im Haar dicht gepackt
d	verdünnte Pigmentierung	Pigmentkörner im Haar verdünnt, z.B. Schwarz zu Blau
I	Inhibitor	unterdrückt Pigment in Bereichen des Haars, Silber
i	normale Pigmentierung	volle Entwicklung der Pigmentierung im Haar
O	Rot	wandelt schwarzes Pigment in rotes um, wird geschlechtsgebunden vererbt
o	normale Farbe	normale Pigmentierung, kein Rot
S	Scheckung	variable weiße Flecken im Fell
s	normale Farbe	keine weißen Flecken
T	Mackerel	Tabbymuster gestreift
T^a	Ticking	Tabbymuster Abessinier-Ticking
t^b	Blotched	Tabbymuster gestromt, Räderzeichnung, Classic
W	Dominant Weiß	weißes Fell, Iris oder odd-eyed, maskiert alle anderen Farben, kann zu Taubheit führen
w	normale Farbe	volle Ausprägung aller anderen Farbgene

Gene für Fellfarben und Muster

Den Katzenzüchter interessieren vor allem die Gene, die das äußere Erscheinungsbild einer Katze bestimmen, also Farben und Muster des Felles. Alle anerkannten Fellgene für die in diesem Buch beschriebenen Katzenrassen finden sich in der Tabelle oben.

Dem Züchter sollte aber klar sein, dass andere Gene, etwa für die Körperform oder erbliche Fehler, beispielsweise falsche Zahnstellung, fehlende Zähne, Vielzehigkeit oder unverträgliche Blutgruppen ebenso

Genkombinationen der Self-Farben	
Genetische Grundlage (Genotyp)	**Aussehen (Phänotyp)**
aaB-D-	Schwarz
aaB-D-I-	Black Smoke
aaB-D-S-	Schwarz-Weiß gescheckt
aaB-D-I-S-	Black Smoke-Weiß gescheckt
aaB-D-W-	Weiß, genetisch Schwarz
aaB-D-I-W-	Weiß, genetisch Black Smoke
aaB-D-S-W-	Weiß, genetisch Schwarz-Weiß gescheckt
aaB-D-I-S-W-	Weiß, genetisch Black Smoke-Weiß gescheckt
aaB-dd	Blau
aaB-ddI-	Blue Smoke
aaB-ddS-	Blau-Weiß gescheckt
aaB-ddI-S-	Blue Smoke- Weiß gescheckt
aaB-ddW-	Weiß, genetisch Blau
aaB-ddI-W-	Weiß, genetisch Blue Smoke
aaB-ddS-W-	Weiß, genetisch Blau-Weiß gescheckt
aaB-ddI-S-W-	Weiß, genetisch Blue Smoke-Weiß gescheckt
aaB-D-O(O)	Rot
aaB-D-I-O(O)	Red Smoke
aaB-D-S-O(O)	Rot-Weiß gescheckt
aaB-D-I-S-O(O)	Red Smoke-Weiß gescheckt
aaB-D-W-O(O)	Weiß, genetisch Rot
aaB-D-I-W-O(O)	Weiß, genetisch Red Smoke
aaB-D-S-W-O(O)	Weiß, genetisch Rot-Weiß gescheckt
aaB-D-I-S-W-O(O)	Weiß, genetisch Red Smoke-Weiß gescheckt
aaB-ddO(O)	Creme
aaB-ddI-O(O)	Creme Smoke
aaB-ddS-O(O)	Creme-Weiß gescheckt
aaB-ddI-S-O(O)	Creme Smoke-Weiß gescheckt
aaB-ddW-O(O)	Weiß, genetisch Creme
aaB-ddI-W-O(O)	Weiß, genetisch Creme Smoke
aaB-ddS-W-O(O)	Weiß, genetisch Creme-Weiß gescheckt
aaB-ddI-S-W-O(O)	Weiß, genetisch Creme Smoke-Weiß gescheckt

1) Bei Britisch Kurzhaar (BKH) auch in Kombination mit b:
   bb = Chocolate, bbdd = Lilac,
   sowie $c^s c^s$ = Maskenzeichnung
2) Erklärung zu Rot:
   O entspricht beim Kater einfarbig rot, bei der Kätzin Tortie,
   OO entspricht Kätzin einfarbig rot

95

■ Die Farbe des Katzenkindes in der Mitte kommt nur zustande, wenn es die Gene für Chocolate (Jungtier links) und Blau (Jungtier rechts) reinerbig trägt.

Genotypen der Tabby-Farben	
A-B-D-	Schwarz Tabby (= Brown Tabby bei American Shorthair)
A-B-c^{s}c^{s}D-	Seal Tabby Point: nur BKH
A-B-dd	BlauTabby
A-B-c^{s}c^{s}dd	Blue Tabby Point: nur BKH
A-bbD-	Chocolate Tabby, nur BKH
A-bbc^{s}c^{s}D-	Chocolate Tabby point, nur BKH
A-bbdd	Lilac Tabby, nur BKH
A-bbc^{s}c^{s}dd	Lilac Tabby Point: nur BKH
alle obengenannten in Kombination mit Rot:	
A-B-D-O(O)	Red Tabby: O-, Kater rot, Kätzin Tortie; OO Kätzin rot
A-B-ddO(O)	Creme Tabby: O-, Kater rot, Kätzin Tortie; OO Kätzin rot

wichtig sind. Über deren Vererbungsmechanismus muss er Bescheid wissen, damit er diese Erbkrankheiten in der Zuchtpraxis ausschließen kann.

Genotypen der möglichen Farbkombinationen

Die Tabellen Seite 94, 95 und links zeigen die Genotypen der Farben in der Übersicht. Schwarz kann auch mit Rot und Blau mit Creme kombiniert sein, wird aber nur bei den weiblichen Tieren als Schildpatt (Tortie) sichtbar. Alle Tabby-Farben kommen entsprechend der Self-Farben vor und können aus den Tabellen zusammengestellt werden. Über Golden Tabbies, die aus Verpaarungen mit Silbertabbies entstehen können, kann in der im Anhang angegebenen Literatur nachgelesen werden; sie wurden hier nicht aufgeführt.

Geschlechtsgebundene Vererbung von Rot

Im Spezialfall der Vererbung von Rot hängt das Ergebnis davon ab, welcher der Elternteile das Gen (O) trägt. Es liegt auf dem X-Chromosom, von dem die Kätzin zwei, der Kater eins besitzt. Die verschiedenen Möglichkeiten sind in den folgenden Tabellen dargestellt.

Bei roter Fellfärbung kommt eine genetische Besonderheit zum Tragen: das Nicht-Agouti-Gen a wirkt nicht unterdrückend auf das rote Pigment im Haar. Das bedeutet, dass rote Tiere und Torties immer eine mehr oder weniger starke Tabbyzeichnung zeigen. Es ist bei diesen Katzen schwierig, Agouti- von Nicht-Agouti-Tieren zu unterscheiden. Nur an der Nachkommenschaft könnte festgestellt werden, ob das Tier selbst wirklich Red Tabby ist oder Rot ohne Tabby ist.

Das geschlechtsgebunden vererbte Rot				
Kater Kätzin	nicht rot		rot	
nicht rot	♀ nicht rot	♂ nicht rot	♀ tortie	♂ nicht rot
tortie	♀ tortie	♂ nicht rot	♀ rot	♂ rot
	♀ nicht rot	♂ rot	♀ tortie	♂ nicht rot
rot	♀ tortie	♂ rot	♀ rot	♂ rot

Berühmt:. die Augen-
farbe der Chartreux:
von dunklem Gelb bis zu
dunklem Kupfer – rein
und intensiv.

Sonderfall Weiß

Bei völlig weißen Katzen kann ein erhöhtes Risiko für ein- oder beidseitige Taubheit bestehen. Die genaue Entstehung und Vererbung dieser frühembryonalen Entwicklungsstörung im Innenohr im Zusammenhang mit der Farbe ist wissenschaftlich noch nicht geklärt. Um die Behinderung bei weißen Katzen zu vermeiden, müssen sich die Züchter an sinnvolle Vorschriften halten: Weiß-mit-Weiß-Verpaarungen sind verboten. Eine Verpaarung von Scheckung mit Weiß ist nicht zu empfehlen, denn es gibt ungesicherte Hinweise, dass ein Zusammenhang zwischen dem Auftreten von Taubheit bei weißen Katzen bestehen könnte, wenn beide Gene, Weiß und Scheckung, gleichzeitig vorliegen. Es sollte auf jeden Fall keine Reinerbigkeit für eines der beiden oder gar beide Gene innerhalb der Nachkommenschaft auftreten. Außerdem wird bei der Zucht mit weißen Katzen ein Hörfähigkeitstest (Audiometrie) für die jeweiligen Elterntiere vorgeschrieben.

Farben der einzelnen Kurzhaar-Rassen

Britisch, Europäisch und Amerikanisch Kurzhaar

Diese Rassen sind in vielen Farben von den Standards her erlaubt. Wildfarben: Tabbys oder Tabby mit Weiß, gestromt oder getigert, mit und ohne Rot, Silber und Scheckung, gehören zu den beliebtesten Farben. Scheckung führt zu Bi- und Tricolor, je nach Verteilung der Farbflecken auch zu Van oder Harlekin.

Nicht unattraktiv sind verdünnte Farben wie Lilac oder Chocolate, die aber nur bei Britisch Kurzhaar erlaubt sind. Ebenso ist eine Maskenzeichnung in den klassischen Siamfarben Seal, Chocolate, Blue

 Junge Britisch Kurz-
haarkätzchen mit
Maskenzeichnung.

und Lilac Point, die korrespondierenden Tabby Points und alle vorge-
nannten mit und ohne Rot nur bei Britisch Kurzhaar im Standard
zugelassen.

Bleu Russe und Chartreux

Beide Rassen gibt es nur in Blau. Doch es gibt Ausnahmen, einzelne
Vereine erkennen die Russische Katze auch in Weiß an. Der Typ und
die Augenfarbe dieser Katzen entspricht der Russisch Blau.

Katzenausstellung

Rund um die Welt und rund ums Jahr werden Rassekatzen von Züchtern und Eigentümern zur Schau gestellt, um sie von ausgebildeten Richtern beurteilen und bewerten zu lassen – das Ganze nennt sich Katzenausstellung oder Cat Show und ist meist ein großes Ereignis an dem Ort, an dem es stattfindet. Für Katzenzüchter und Leute, die gerne mit der Zucht beginnen wollen, aber auch für Liebhaber, die ihre schöne Katze zeigen möchten, sind diese Schauen wichtig. Außerdem kann dort ein großes Publikum Rassekatzen sehen, vergleichen und bewundern. Informations- und Verkaufsstände für Bücher, Zubehör und Futter gehören ebenso zum bunten Bild einer Ausstellung wie die Prämierung der Tiere auf der Bühne.

> **TIPP**
> Wenn Sie Ihre Katze selbst ausstellen möchten, muss sie einen gültigen Abstammungsnachweis eines eingetragenen Katzenzuchtvereines besitzen.

Teilnahme mit der eigenen Katze

Termine, Orte und Anmeldeadressen der Veranstalter erfahren Sie über Zuchtvereine und Katzen-Spezialmagazine. Mindestens fünf Wochen vor dem Termin sollten Sie die Meldeunterlagen beim Veranstalter anfordern. Mit der schriftlichen Anmeldung zur Ausstellung muss die Meldegebühr bezahlt werden.

Vorbereitung der Ausstellungskatze

Prüfen Sie mindestens 30 Tage vor der Ausstellung, ob die Impfungen Ihrer Katze noch Gültigkeit haben. Impfungen gegen Tollwut, Katzenschnupfen und Katzenseuche müssen bei Teilnehmerkatzen up to date sein, sonst werden Sie am Einlass abgewiesen und sind vergeblich zur Ausstellung gefahren.

Wer stets auf die Gesundheit seines Stubentigers geachtet und die Ernährung der körperlichen Fitness angepasst hat, wird mit der Ausstellungsvorbereitung keine Probleme haben. Die Fellpflege der Kurzhaarkatzen ist nicht sehr aufwendig. Regelmäßiges Bürsten ist zwar ein Muss, aber man braucht es nicht zu übertreiben. Tabby-Katzen reibt

man am besten mit einem Fensterleder ab, um die Zeichnung schön zur Geltung zu bringen. Verdünnte Farben wie Blau, Creme, Lilac und die entsprechenden Torties können zwei Tage vor der Ausstellung mit einem geeigneten Pflegepuder behandelt werden. Am Vortag wird der Puder dann restlos ausgebürstet, am Wettkampftag dürfen keine Spuren mehr davon im Fell zu finden sein.

Dunkle Farben ebenso wie die diversen Tabbys würden durch Puder zu stumpf im Glanz. Hier hilft ein Kleiebad, um das Fell sauber und glänzend zu bekommen. Die Kleie wird auf einem mit Folie ausgelegten Blech im Backofen trocken erwärmt und anschließend warm ins Fell der Katze einmassiert. Zehn Minuten lässt man sie einwirken, dann bürstet man alles gründlich wieder aus. Wer die Kleiebehandlung zu aufwendig findet, kann Katzen, die daran gewöhnt sind, etwa fünf Tage vor der Ausstellung mit einem auf die Fellfarbe abgestimmten

Mit Pokalen und Schleifen werden erfolgreiche Katzen auf der Ausstellung ausgezeichnet.

103

Nicht vergessen!

- Vorhanggarnitur für den Käfig und Bodenbelag; die Käfige haben meist die Maße 70x70x70 cm,
- Futter- und Wasserschüssel, Futter und eventuell stilles Mineralwasser,
- flache Ausstellungstoilette und Streu,
- Pflegeutensilien wie Bürste, Kamm und Fensterleder,
- einen kuscheligen Liegeplatz und Spielzeug.

Katzenshampoo baden. Bei weißen Katzen bleibt eigentlich nur das Bad; besonders Problemzonen wie fettiger Schwanz, schmutziges Kinn und „gelbe" Füßchen müssen sorgfältig gereinigt werden.

Es versteht sich von selbst, dass die Ausstellungskatze frei von Parasiten sein muss. Die Öhrchen sollen innen sauber und perlmuttrosa sein. Flohbefall ist inakzeptabel und führt zum Ausschluss vom Wettkampf ebenso wie andere ersichtliche Krankheitssymptome, die bei der Tierarztkontrolle am Einlass identifiziert werden.

Bei vielen Katzenvereinen ist es mittlerweile Pflicht, dass die teilnehmenden Katzen geschnittene Krallenspitzen haben, damit das Verletzungsrisiko so gering wie möglich gehalten wird. Wenn Sie im Krallenkürzen unsicher sind, lassen Sie es sich erst einmal vom Tierarzt zeigen. Es sollen nur die gebogenen Spitzen geschnitten werden, die Blutgefäße im Innern der Kralle dürfen dabei nicht verletzt werden. Die Krallenhülle erneuert sich wieder als Ganzes, auch wenn die Spitze abgeknipst worden ist. Katzen mit amputierten Krallen haben absolutes Ausstellungsverbot. Dies ist Tierquälerei der schlimmsten Art und hierzulande glücklicherweise verboten.

Vorbereiten der Ausstellungsutensilien

Packen Sie früh genug die Sachen ein, die Sie am Ausstellungstag brauchen. Die Checkliste nennt die Dinge, die unbedingt mitgenommen werden sollten. Sie können zwar meist alles auf der Ausstellung kaufen, aber verlassen Sie sich lieber nicht darauf. Bei der Ankunft am Ausstellungsort früh am Morgen geht es meist hektisch zu. Die Teilnehmer mit ihren Katzen und das Organisationspersonal sind aufgeregt. Zur gleichen Zeit werden die Verkaufsstände oft erst aufgebaut. Außerdem erspart gute Vorbereitung eine Menge Stress.

Der große Tag

Als erstes müssen Sie vor Beginn der Ausstellung bei der Ankunft die tierärztliche Kontrolle zu passieren. Sie brauchen dazu die Meldebestätigung für die Ausstellung und den gültigen Impfpass. Dann richten Sie den Käfig her und machen es Ihrer Katze so bequem wie möglich. Der Tag wird spannend und anstrengend – für Sie selbst und Ihre

Jungen Katzen macht ein Tag auf der Ausstellung meist weniger aus als älteren. Trotzdem – ein Mäusetanz ist immer noch das Größte!

Katze. Meist gehen Sie mit Ihrer Katze im Laufe der Ausstellung wenigstens einmal, oft aber mehrmals zum Richter. Vielleicht will er sie für die Auswahl zum Rassesieger oder zur „Best in Show" (Ausstellungssieger) qualifizieren. Wenn der Tag sehr erfolgreich verläuft, wird die Katze bei der Siegerehrung auf der Bühne dem Publikum vorgestellt. Aber auch sonst sollten Sie nicht enttäuscht sein – bei der nächsten Ausstellung gibt es andere Richter und andere Konkurrenz. Sie können manche interessanten Dinge über die eigene und andere Katzenrassen erfahren, wenn Sie beim Richten zuschauen und zuhören und sie können viele Leute kennenlernen. Langweilig ist es auf einer Katzenausstellung also nie!

105

Vereine, Adressen, Literatur

Vereine, Adressen

Einige internationale Dachorganisationen der Zuchtvereine

The Governing Council of the Cat
Fancy (GCCF)
4-6, Penel Orlieu,
Bridgewater, Somerset
TA6 3PG, England
Tel. 0278/427575

The Cat Fanciers' Association Inc.
(CFA)
1805 Atlantic Avenue,
PO Box 1005
Manasquan, New Jersey, USA
Tel. 001-908/5289797

World Cat Federation (WCF)
Hubertstr. 280
45307 Essen, Deutschland
Tel. 0201/550755 oder 555724

International Cat Federation (ICF)
Sekretariat
Ostheimerstraße 4
63452 Hanau, Deutschland
Tel. und Fax 06181/81414

Fédération Internationale Féline
(F.I.Fe.)
H.G. Scholer,
F.I.Fe.-Trésorier
Van Eycklei 10/7,
2018 Antwerpen, Belgien

Euro Gus Cat Association (EGCA)
Jürgen F. Stein
Harnackstr. 49
44139 Dortmund, Deutschland
Tel. 0231/105567 u. 122868
Fax 0231/105688

Katzenzuchtvereine

Für Deutschland, Österreich und die Schweiz sind die Adressen der
jeweiligen angeschlossenen Vereine bei den Dachorganisationen zu
erhalten.

Literatur

Bücher

Evans, M.: Katzenkinder aufziehen. Verlag E. Ulmer, Stuttgart 1997.

Fogle, B.: Die BLV Enzyklopädie der Katzen. BLV Verlagsgesellschaft München, München 1997.

Harris, S. (Hsg.): Katzenrassen. Naturbuch Verlag, Augsburg 1995.

Herrscher, R. und H. Theilig: Der Kosmos-Katzenführer. Kosmos Verlag, Stuttgart 1994.

Marshall Thomas, E.: The Tribe of Tiger. Weidenfeld & Nicolson, London 1994.

Leyhausen, P.: Katzenseele. Kosmos Verlag, Stuttgart 1996.

Norten, E. und J. Pütz: Das Hobbythek – Katzenbuch. VGS Verlagsgesellschaft, Köln 1997.

Rixon, A.: Katzen der Welt. Könemann Verlagsgesellschaft mbH, Köln 1996.

Robinson, R.: Genetics for Cat Breeders Third Edition. Butterworth-Heinemann, Oxford 1991.

Tabor, R.: The Rise of the Cat. BBC Books, London 1991.

Tabor, R.: Understanding Cats. David & Charles, Newton Abbot 1995.

Thies, D.: Rassekatzen züchten. Kosmos Verlag, Stuttgart 1997.

Wolff, R.: Katzen. Verlag E. Ulmer, Stuttgart 1984.

Zeitschriften

Katzen extra. Symposion Tierzeitschriften Verlag, Stuttgart.

Geliebte Katze. Gong-Verlag GmbH, Nürnberg.

Vereinszeitschriften der Katzenzuchtvereine

Bildquellen

Grimm, H., Bietigheim-Bissingen: Seite 29, 73.
IPO, Linsengericht: Seite 51, 74.
Juniors, Senden: Seite 3, 4 (S. Born), 7 (U. Schanz), 13/14 (M. Rutz),
    15 (J. Lindner), 32 (Chr. Steimer), 36 (M. Rutz), 43, 50 (U. Schanz),
    56/ 57, 58, 59 (Chr. Steimer), 61, 82 (U. Schanz).
Klein, J.-L. / Hubert, M.-L., Lupstein (Frankreich): Titelfoto (großes Bild),
    Seite 11, 18, 22, 23, 31, 48/49, 54, 89, 96, 98/99.
Kuhn, R., Stuttgart: Seite 1, 2, 5, 6, 9, 14, 34, 39, 44, 45, 53, 66, 67, 69, 71,
    80 (2), 81, 88, 105 sowie Umschlagrückseite und Katze im Kolumnentitel.
Mauritius, Stuttgart: Seite 17, 47.
Reinhard, H., Heiligkreuzsteinach: Seite 25, 103.
Schanz, U., Heimstetten: Titelfoto
    (kleines Bild), Seite 8, 24, 27, 33,
    62, 79, 85, 86, 87, 100/101.
Wallura, J., Hamburg: Seite 64.

Sämtliche Zeichnungen fertigte
    Christiane Gottschlich, Berlin,
    nach Vorlagen der Verfasserinnen.

Danksagung

*Granite, ein wackerer blauer Brite, der frei
und wild in meinem Hinterhof in Cork
City, Irland, lebte, mit den Kätzinnen der
Nachbarschaft allerlei bunte Kinder hatte,
darunter auch Beastie, inspirierte mich zu
diesem Buch. Ihm, Simba und Lisa of
Dreamcastle im Namen aller anderen
begabten Katzenmodels, thank you.*

*Großer Dank den Menschen, die an
diesem Buch mitgewirkt haben: unserer
Lektorin Dr. Nadja Kneissler für fachliche Begleitung und Anregung, den
Fotografen und der Zeichnerin für ihre
einfühlsame Art, die Tiere darzustellen
und ganz besonders all jenen, die
hier nicht einzeln genannt
werden können.*

Register

Die Deutsche Bibliothek –
CIP-Einheitsaufnahme

Götz, Eva-Maria:
Britisch Kurzhaar & Co.: Kurzhaarkatzen /
Eva-Maria Götz ; Gesine Wolf. – Stuttgart
(Hohenheim) : Ulmer, 1999
   (Heimtiere)
   ISBN 3-8001-7469-3

© 1999 Verlag Eugen Ulmer GmbH & Co.
Wollgrasweg 41,
70599 Stuttgart (Hohenheim)
Printed in Germany
Lektorat: Dr. Nadja Kneissler
Herstellung, Layout & DTP: Ulla Stammel
Druck und Bindung: Georg Appl, Wemding

Wenn Sie mehr wissen wollen...

Die Autorinnen stellen die wichtigsten Halblanghaarkatzen vor. Das sind Maine Coon, Norwegische Waldkatze, Sibirische Katze, Türkisch Angora und Türkisch Van. Die einzelnen Rassen werden mit Rassestandard und ihren Besonderheiten vorgestellt. Von der Wahl des richtigen Züchters über die ersten Tage im neuen Heim bis zur richtigen Ernährung und zur Krankheitsprophylaxe erfährt der Leser alles Wissenswerte über diese prächtigen „Naturburschen" unter den Rassekatzen.

Maine Coone & Co. Halblanghaarkatzen. Eva-Maria Götz, Gesine Wolf. 1998. 111 Seiten, 64 Farbfotos, 22 Zeichnungen. ISBN 3-8001-7398-0.

In dem Buch werden die wichtigsten Orientalischen Katzen vorgestellt: Siam, Balinese, Orientalisch Kurzhaar und Javanese/Mandarin. Der Leser erfährt alles von der Wahl des richtigen Züchters, über die ersten Tage der Katze im neuen Heim bis hin zur richtigen Ernährung und zur Krankheitsprophylaxe. Es werden die Grundlagen der Züchtung erklärt, interessant für alle, die gezielt die Vererbung bestimmter Körpermerkmale planen möchten. Schließlich wird erläutert, was es für Katze und Besitzer bedeutet, an Ausstellungen teilzunehmen.

Siam & Co. Orientalische Katzen. Eva-Maria Götz, Gesine Wolf. 1999. 96 S., 62 Farbf., 24 Zeichn. ISBN 3-8001-7441-3.

Katzen zählen seit jeher zu den beliebtesten Heimtieren, obwohl die ungezwungene Selbstverständlichkeit ihres Tun und Lassens keinen Platz für unbedingten Gehorsam kennt. Auch als Haustier schlummern in ihnen noch die ursprünglichen Merkmale der Wildkatzen, selbst wenn sie uns heute in unzähligen Variationen und Zuchtrassen begegnen. Das Buch enthält einen kompletten Leitfaden zur artgerechten Pflege und Ernährung mit vielen Hinweisen und Tipps für den täglichen Umgang mit unseren samtpfötigen Hausgenossen.

Katzen. Jan-Paul Maas. 120 Rassen und Farbschläge. 1992. 144 Seiten, 120 Farbfotos. ISBN 3-8001-7273-9.

Alles über Haltung und Erziehung.

Was tun, wenn die Katze krank ist? Die Autorin vermittelt allen Katzenhaltern das erforderliche Basiswissen zur Erkennung und Einschätzung der häufigsten Katzenkrankheiten in leicht verständlicher Form. Am Anfang stehen allgemeine Informationen zur Biologie der Katze und zur Krankheitsprophylaxe durch richtige Fütterung und geeignete Haltungsbedingungen. Anschließend werden die wichtigsten Krankheiten beschrieben und in Farbfotos gezeigt, die nötigen Behandlungsmethoden werden genau erklärt. *Katzenkrankheiten. Dr. med. vet. Anette Huhn, Prof. Dr. Hellmut Woernle (Herausgeber). 1995. 120 Seiten, 50 Farbf. ISBN 3-8001-7297-6.*

Dieses Buch ist ein unverzichtbarer Leitfaden für alle, die zum ersten Mal eine Katze haben und sich eine harmonische Beziehung zu einer zufriedenen, wohlerzogenen und gesunden Katze wünschen. Dieses Buch vermittelt neue und faszinierende Eindrücke vom Zeitpunkt der Empfängnis einer Katze bis zum ersten Geburtstag. Der Katzenhalter lernt das Verhalten seines Tieres besser verstehen. Es folgen außerdem zahlreiche Ratschläge, Tipps und Schritt-für-Schritt-Anleitungen zu den verschiedensten Themenbereichen. *Katzenkinder aufziehen. Ein praktischer Ratgeber für das erste Lebensjahr. Mark Evans. 128 Seiten, 200 Farbfotos. ISBN 3-8001-7373-5.*

In diesem Buch geht es um die Lebensweise und die Ansprüche der samtpfötigen Hausgenossen, damit sie sich in der begrenzten Freiheit einer Wohnung auch wirklich wohl fühlen. Ein Blick in den Buchinhalt: Lebensraum und Lebensweise. Jagen und Erkunden. Geruchsmarken und Körpersprache. Sozialverhalten. Fortpflanzung. Soziale Beziehungen zwischen Katzen. Die Mensch-Katze-Beziehung. Katzengerechte Haltebedingungen. Verhaltensprobleme. Unsauberkeit und Aggressivität. Die Ernährung einer Katze. Die kranke Katze. *Die Hauskatze. Lebensweise und Ansprüche. R. Schär. 4. Auflage 1998. 125 Seiten, 61 Farbfotos. ISBN 3-8001-6885-5.*